HEILUNG FÜR DIE ERDE

Spirituelle Verantwortung in einer Zeit globaler Krise

Über dieses Buch:
Es ist eine lebenswichtige Notwendigkeit, dass sich unsere kollektive Kultur von einer Geschichte der Trennung und Ausbeutung zu einer neuen Geschichte lebendiger Einheit wandelt. Spirituelle Praxis spielt bei dieser Veränderung eine wesentliche Rolle. Viele spirituelle Praktiken – Meditation, Achtsamkeit, im Moment leben – sind von großem Nutzen für unsere individuelle Reise der Selbsttransformation. Doch wirkliche spirituelle Praxis ist nie für uns allein, sondern immer für das Ganze. Wenn wir unsere Praxis auf den Horizont unseres getrennten Selbst begrenzen, verwehren wir dem Leben seine grundlegende Nahrung, nämlich die essenzielle Qualität von Liebe und Licht.
Wenn es uns gelingt, über uns selbst hinauszuwachsen und zu erfahren, dass wir Teil von etwas viel Größerem sind, können wir mit unserer Praxis dem Leben als Ganzem dienen, und können der Welt die Liebe geben, die sie so dringend für ihre Regeneration und ihre Evolution braucht.
Die Liebe verbindet uns auf sehr geheimnisvolle Weise, und sie kann unsere Herzen und Hände führen.

Llewellyn Vaughan-Lee, Dr. phil., ist ein Sufi-Lehrer. Er schreibt und hält Vorträge über die gegenwärtige Zeit des Übergangs und das erwachende globale Bewusstsein der Einheit. Sein Spezialgebiet ist die Traumarbeit, die alte Sufi-Methode der Traumdeutung, in Verbindung mit den Erkenntnissen der Psychologie C.G. Jungs. Unter seinen zahlreichen Publikationen sind Sufismus: Die Transformation des Herzens, Mit der Einheit arbeiten, Spirituelle Macht, Fragmente einer Liebesgeschichte und Aus Liebe zum Wirklichen.

HEILUNG
FÜR DIE
ERDE

Spirituelle Verantwortung in
einer Zeit globaler Krise

Llewellyn Vaughan-Lee

Oneness Center Publishing

Übersetzung: Sabine Reinhardt-Jost

Impressum

Die amerikanische Originalausgabe erschien unter dem Titel »Including the Earth in Our Prayers« bei The Golden Sufi Center, P.O. Box 456, Point Reyes, California 94956

Lektorat: Bernd Jost
Buchgestaltung: Greta Horn
Titel-Fotos: © *Erde* PIRO4D/Pixabay.com, © *Milchstraße* Felix Mittermeier/Pixabay.com, © *67257097 Heilige Geometrie* al4k/123RF.com
Herstellung: BoD – Books on Demand, Norderstedt
www.oneness-center.ch
www.goldensufi.org

ISBN 978-3-9523830-7-0

INHALT

VORBEMERKUNG

Heilung für die Erde (zuerst veröffentlicht 2006 als *Awakening the World*, überarbeitete Neuausgabe: *Including the Earth in Our Prayers*) ist das fünfte in einer Serie von sechs Büchern, die ursprünglich zwischen 2000 und 2006 über das Erwachen des Bewusstseins der Einheit und dessen Bedeutung für die Menschheit und die Erde[1] geschrieben wurden. Gibt es Wiederholungen von Themen oder Gedanken in einzelnen Büchern oder dieser Serie, so ist das gewollt. Die Absicht, die hinter diesen Büchern steht, ist nicht nur, Ideen oder Lehren zu vermitteln, sondern die spirituellen Übergänge dieser Zeit zu einem Bild zusammenzuweben. Bestimmte Themen – wie das Bewusstsein der Einheit, das Leiden und das Erwachen der Erde, die Verbindung der inneren und äußeren Welten, die Magie des Lebens und das spirituelle Bewusstsein als Katalysator für einen Wandel – sind die Grundlinien dieser Darstellung. Zusammen formen sie die spirituelle Basis für einen Wandel von der Geschichte der Trennung zur Geschichte einer vielfarbigen Einheit.

Von dem, was klein ist und schwach,
lass Fülle und Macht kommen:
Lass die Menschheit
das Bewusstsein
für die gesamte Schöpfung tragen
und in dieser Aufgabe aufgehen.[2]

VORWORT ZUR NEUAUSGABE

Als ich mit siebzehn allein im Fernen Osten reiste, erkrankte ich schwer. Ich erinnere mich, wie mich eine Gruppe junger Leute aufnahm und für mich sorgte. Sie waren Fremde, wurden aber bald zu Freunden. Uns verband der einfache Glaube, dass Liebe und Musik die Welt verändern, Krieg zu Frieden werden und die Menschheit zu einer neuen Lebensweise erwachen könnte. Ich erinnere mich immer noch an George Harrisons Song »My Sweet Lord«, der in meinem Krankenzimmer endlos wie ein Mantra aus dem Kassetten-Radio drang – ein Symbol für die Hoffnung und Einheit jener Zeit.

Natürlich waren wir Idealisten. Der Vietnam-Krieg sollte sich noch weitere vier Jahre hinziehen. Genozide in Bosnien und Ruanda folgten, Syrien wurde im Bürgerkrieg zerstört und Hunderttausende wurden getötet. Doch für einen Moment gab es diese Samen der Zukunft, die am Warten ist – eine Zukunft, die aus der Liebe und Einheit und einem spirituellen Erwachen, das alles umfasst, geboren wird. Womöglich wird dieses Erwachen der Welt wie ein Traum bleiben, nur ein Lied, einen Augenblick lang gehört und dann verloren, untergegangen im Lärm unserer materialistischen Kultur, die ihren Ökozid fortsetzt und mit ihrer nicht enden wollenden Gier und Profitsucht das feine Gewebe des Lebens zerstört. Vielleicht aber kann die Welt erwachen, der Frühling nach einem trüben Winter des Vergessens wiederkehren, die Musik des Heiligen erneut vernommen und die Einheit, die allem in der Schöpfung eigen ist, als simple Lebensfreude gefühlt werden.

Als ich nach Europa zurückkehrte, betrat ich eine Welt, die sich sehr von den grauen Straßen meiner Kindheit unterschied. Ich entdeckte spirituelle Praktiken und begegnete spirituellen Freunden. Das war zu der Zeit, als spirituelle Pfade aus Tibet, Indien und dem Vorderen Orient in den Westen kamen, als orange gekleidete *sannyasi* zu sehen waren, wie sie über die Oxford Street in London tanzten, und eifernde Derwische wirbelten und frisch erlernte *dhikrs* sangen. Spiritualität war in all ihren Farben und Klängen lebendig, der Duft von Räucherwerk überall. Doch leider, oder unvermeidlich, wurde die einfache Freude dieses Erwachens verwässert, als die Spiritualität auf den Markt kam und spirituelle Praxis statt einer Feier der Einheit – das Göttliche als die Grundlage unseres Daseins – sich auf die Selbsttransformation fokussierte. Selbstentwicklung wurde populärer als selbstloses Dienen. Dadurch wurde ein wesentliches Element verfälscht oder ging verloren – die grundlegende spirituelle Wahrheit, dass »es nicht um einen selbst geht«. Die Abkehr vom kleinen Selbst oder mit Rūmī's rätselhaften Worten: »Es gibt keinen Derwisch, oder wenn es einen gibt, dann ist er nicht da«, fand wenig Raum auf dem spirituellen Markt. Wie ein Freund Jahre später zu mir sagte: »Wie kann der Sufismus in Amerika populär werden, wenn es dabei allein darum geht, nichts zu werden?«

Viele spirituelle Praktiken – Meditation, Achtsamkeit, im Moment leben – sind von großem Nutzen für unsere individuelle Reise der Selbsttransformation. Sie können Harmonie, Friede und Stille bringen und den Stress in unserem hektischen Leben verringern. Doch ohne diese zentrale Note lässt sich ihr wahres Potenzial, die Erfahrung der Einheit göttlicher Liebe, nicht wirklich erleben. Und es gibt noch einen traurigeren Aspekt dieser Geschichte, der im Westen weniger bekannt ist. Wirkliche spirituelle Praxis ist nie für uns allein, sondern immer für das Ganze, immer um des Geliebten willen. Und wenn wir unsere Praxis auf den Horizont unseres getrennten kleinen Selbst begrenzen, verwehren wir dem Leben seine grundlegende Nahrung, nämlich die essenzielle Qualität von Liebe und Licht. Dann lassen wir die Seele der Welt nach einer spirituellen Energie hungern, die sie für ihre Regeneration und ihre Evolution braucht. Das haben die Schamanen und indigenen Weisheitshüter wie die Kogi Mamas schon immer erkannt, die mit *Aluna*[1], der Kraft hinter der Natur, arbeiten, um die Welt im Gleichgewicht zu halten.

Im Sommer der Liebe und den wenigen darauf folgenden Jahren war uns ein Traum gegeben worden, Brüder und Schwestern aller Rassen kamen zusammen, die Einheit war lebendig. Wie alle Träume verblasste auch dieser »im Licht des gewöhnlichen Tages«, doch jetzt, wo die Erde stirbt, die Artenvielfalt abnimmt, die Meere voll von Plastik sind und die Kulturen darin gefangen scheinen, sich immer weiter zu entzweien, gibt es einen Ruf, den Funken wieder aufzunehmen, der damals diesen Traum ins Leben brachte. Zu dem Welt umspannenden Lied der Einheit aufzuwachen, das ich damals empfand, als in einem fernen Land Freunde für mich sorgten, die Fremde waren. Und wir müssen die Erde selbst in dieses Lied des Herzens, in unser Beten, einschließen. Denn Sie, die uns geboren hat, die uns mit Ihrer unendlichen Großzügigkeit nährt, die wir geplündert und geschändet haben, ist aus dem Gleichgewicht geraten, ist krank und braucht unsere Fürsorge und Aufmerksamkeit.

In den etwa fünfzehn Jahren, nachdem ich die erste Fassung dieses Buchs über die globale Dimension spiritueller Praxis mit dem Titel: *Awakening the World* geschrieben hatte, ist eine Bewegung entstanden, die spirituelle Praxis, das Bewusstsein der Einheit und die Sorge für die Erde miteinander verbindet. Spiritueller Aktivismus und Subtiler Aktivismus sind unterschiedliche Bezeichnungen dieser Bewegung. Der Subtile Aktivismus verwendet Praktiken der Bewusstseinsschulung für die kollektive Transformation, während Spiritueller Aktivismus bedeutet, »zu arbeiten, um eine liebevolle, gerechte, heilige und nachhaltige Welt mit Methoden zu schaffen, die ebenfalls liebevoll, gerecht und nachhaltig sind.«[2] Sie sprechen mit verschiedenen Stimmen dieselbe Wahrheit aus: Wir können es uns nicht mehr leisten, unser Lieben auf das Persönliche, unsere spirituelle Praxis auf die individuelle Entwicklung zu beschränken.

Liebe und Fürsorge rufen uns. Wenn ich in dem halben Jahrhundert meiner spirituellen Praxis irgendetwas gelernt habe, dann ist es die Kraft der Liebe. Wir müssen wieder zur Kraft der Liebe in der Welt erwachen. Denn es ist unsere Liebe für die Erde, die das, was wir geschändet haben, heilen wird, die uns durch diese Ödnis führen und helfen wird, die sterbende Erde zu regenerieren und das Licht in unsere Welt zurückzubringen, die sich so sehr verdunkelt hat. Die Liebe verbindet uns alle miteinander auf die geheimnisvollsten Weisen, und die Liebe kann unsere Herzen und Hände führen. Die zentrale Note der Liebe ist Einheit. Die Liebe spricht die Sprache der Einheit, der Ganzheit, nicht die der Trennung.

Liebe und Fürsorge – Sorge für einander und für die Erde – sind die einfachsten und wertvollsten menschlichen Qualitäten. Und die Liebe gehört der Einheit an. Wir kennen das aus unseren menschlichen Beziehungen, wie die Liebe uns näher zusammenbringt, und in ihren intimsten Augenblicken können wir physisches Einssein miteinander erfahren. Sie kann uns auch zu dem Bewusstsein erwecken, dass wir Menschen eine einzige

Familie sind, obwohl unsere Lenker immer autoritärer werden und unsere Politik immer polarisierender. Und auf tiefster Ebene vermag die Liebe uns mit der essenziellen Einheit allen Lebens und mit der Erde Selbst zu verbinden.

Dieses Buch erzählt eine Geschichte von Liebe und Sorge für die Erde. Es zeigt, dass spirituelle Praxis nicht nur für uns und unsere eigene Reise da ist, sondern für das Leben selbst. Es erinnert uns, wie diese Liebe zu leben ist, wie die inneren und äußeren Welten[3] zusammenarbeiten, wie der einzelne Mensch ein Mikrokosmos des Ganzen ist und wie die Seele der Welt singt. Es tritt einen Schritt zurück, um die alten spirituellen Lehren unserer Vorfahren wieder mit hereinzunehmen und dann dieses Wissen mit den Erfordernissen unserer jetzigen Zeit in Zusammenhang zu bringen. Es schlägt Wege vor, wie diese Energie und das transformative Potenzial unserer spirituellen Natur jetzt ihre Anwendung finden können, wo die Menschheit an einem Kipp-Punkt angelangt ist und die Erde uns um Hilfe ruft. Wie können wir wirklich Verantwortung für eine Welt in der Krise übernehmen und Ihr helfen, wieder zu erwachen? Wir sind der Ort, wo die Liebe ins Leben kommen und das Gebet für die Erde gehört werden kann.

Llewellyn Vaughan-Lee
November 2018

Wenn man sich verändert,
woher weiß man dann,
dass ein Wandel stattfindet?
Wenn man sich nicht verändert,
woher weiß man dann, dass der Wandel
nicht bereits geschehen ist?
Vielleicht sind du und ich
noch in einem Traum
und nicht daraus erwacht.

Chuang Tse

EINFÜHRUNG

Wir leben in einer Zeit fundamentaler Veränderung, einer Phase der zunehmenden Polarisierung, des Tribalismus und Isolationismus, auch wenn ein globales Bewusstsein der Einheit darum ringt, ins Leben zu kommen. Wir sind Teil dieser Veränderungen, und dennoch hängen diese Veränderungen auch von uns ab. Alles ist in den inneren und äußeren Welten voneinander abhängig. Und unsere spirituelle Praxis ist ein wesentlicher Katalysator für diesen Wandel, auch wenn das kaum verstanden wird. Unsere spirituelle Praxis, unser Streben und unser Bewusstsein sind Teil des Lebenssaftes unseres Planeten. Es besteht jetzt eine Dringlichkeit, ein elementares Bedürfnis, dass wir die Tiefen unserer wahren Natur *leben*, unser Sehnen nach dem, was Wirklich ist. Das Leben ruft uns, unser essenzielles Selbst und die Ganzheit des Lebens zu erkennen. Wir werden gebraucht, dem Leben zu helfen, damit es aus einem Traum erwacht, der es zerstört.

Doch wollen wir das wahre Potenzial unserer spirituellen Praxis verwirklichen, müssen wir uns von der Ausrichtung auf unsere eigene Reise befreien. Wir müssen uns wieder auf die einfache Wahrheit besinnen, dass es im spirituellen Leben »nicht um uns geht«, und uns für eine allumfassende Sicht öffnen. Wenn es im spirituellen Leben nicht um das Ganze geht, verliert es seine wahre Natur; es wird dann vom Ego und seinen Mustern der Selbstbezogenheit unterminiert. Alles, was erschaffen wurde, steht im Dienst des Lebens, im Dienst der wahren Absicht der Schöpfung. Das gehört zu den »Ursprünglichen Weisungen«[1], die den frühesten Weisheitshütern gegeben wurden. Wir sind nicht getrennt voneinander oder vom Leben, und wir müssen begreifen, dass unsere individuelle spirituelle Reise, unser Lobpreisen und unser Danksagen Teil der heiligen Absicht des Lebens sind und es auf verschiedenste Weise nähren.

So wie ein einzelner Mensch seine wahre Natur vergessen kann, wie das viele von uns schmerzhaft erfahren haben, so kann auch das Leben selbst vergessen. Das Leben ist ein miteinander verwobener lebender Organismus, der das kollektive Bewusstsein der Menschheit verkörpert. So wie die Menschheit dem Materialismus verfallen ist und die heilige Natur des Lebens vergessen hat, so vergisst das Leben seine eigene heilige Natur, seine ursprüngliche Aufgabe, das Göttliche zu offenbaren. Wir müssen diese Entweihung rückgängig machen und der Erde das Bewusstsein ihrer heiligen Natur zurückgeben. Das ist die Arbeit der Liebenden, die Aufgabe derer, die sich zum Kern des Lebens, zum Mysterium von Liebe und Dienen hingezogen fühlen. Wir tragen in unseren spirituellen Zentren die Geheimnisse des Lebens, und wir kennen die große Freude, wenn wir das, was im Herzen verborgen ist, verwirklichen. Teil unserer Aufgabe ist, diese Geheimnisse dem Leben zurückzugeben, damit das Leben wieder zu seiner wahren Natur erwachen kann.

Unsere individuelle spirituelle Reise gehört zur Reise der Welt. Das zu leugnen heißt, im Schleier der Trennung gefangen zu sein. Das simple Gewahrsein der Einheit vereint uns mit allem Leben, mit jedem Stein, jedem Insekt und auch jeder zerdrückten Getränkedose im Müll. Wir sind das Leben selbst, wie es atmet, leidet und sich freut. Wir sind der Schmerz des Kranken und das Lachen des Kindes. Wir sind weder besser noch schlechter als jedes Teilchen der Schöpfung. Unser Hunger nach der QUELLE, unsere Suche nach dem Göttlichen, ist der Hunger des Lebens, die Suche des Lebens. Wir müssen unsere Reise an das Leben zurückgeben und die Einheit anerkennen, die alles verbindet. Nichts ist getrennt. Alles ist EINS.

Diesen Schritt zu machen, bedeutet, viele unserer spirituellen Erwartungen aufzugeben. Wie oft haben wir gehofft, unsere Reise würde uns von den Schwierigkeiten des Lebens befreien, uns erträumt, etwas Besonderes zu sein, anders als die anderen, sogar »erleuchtet« zu werden? Das Ego versucht, alles für sich in Anspruch zu nehmen und sogar die Sehnsucht der Seele nach Gott mit einer weiteren Illusion zu unterwandern. Haben wir den Mut, diese Illusionen aufzugeben, unsere spirituellen Träume, und in die Arena des wahren spirituellen Dienens einzutreten? Schaffen wir es, diese verführerische, aber sehr begrenzte imaginierte Spiritualität hinter uns zu lassen und das wahre Unbekannte anzunehmen? Wagen wir es, herauszufinden, was das Leben und die Liebe wirklich von uns wollen, was die Verletzlichkeit und die völlige Teilnahme bedeuten, die erforderlich sind? Hier gibt es kein Feilschen, keinen sicheren Ort, nur ein sich Geben ohne Erwartungen: nur eine Antwort auf ein Bedürfnis, das in jedem Atemzug gegenwärtig ist. Das Leben braucht unsere spirituelle Verpflichtung; sonst wird es sterben, zerstört von der Gier und dem Materialismus einer Kultur, die nur an sich selbst denkt.

Jeder Atemzug kann ein Gewahrsein des Göttlichen sein, des Heiligen in uns und unter unseren Füßen. Indem wir dieses einfache, aber grundlegende Gewahrsein in unserem Alltag leben – wenn wir den Abwasch machen und den Müll rausbringen, wenn wir unseren Kindern eine Geschichte zum Einschlafen vorlesen – nähren wir das Leben auf tiefster Ebene.

Wir sind dann im Innersten der Schöpfung gegenwärtig, wo das Heilige Form annimmt, wo unser Erinnern Teil der Lebensenergie unseres Planeten ist. Das Leben braucht das so sehr wie ein Ertrinkender die Luft.

Und doch raten uns Jahrhunderte spiritueller Geschichte, uns vom Leben abzuwenden, nur die innere Reise anzustreben und der äußeren Welt zu entsagen. Die Religionen warnen uns vor der Dunkelheit und den Gefahren unserer instinktiven Natur, vor unserer Körperlichkeit und wie leicht wir durch die irdische Welt verführt und verdorben werden können. Das sind Geschichten unserer Vorväter, und auch wenn sie Wahrheiten beinhalten, gehören sie doch einer Zeit an, die vergangen ist. Wir können nicht vor den Anforderungen der Gegenwart die Flucht ergreifen. Wir können uns nicht gegenüber der dringenden Notwendigkeit des Lebens taub stellen. Wach zu sein, bedeutet, auf das Bedürfnis des Augenblicks zu antworten, und in diesem Augenblick braucht uns die Welt. Können wir uns dem Ruf der Seele der Welt verweigern, dem Schrei der Erde?

Die Erde braucht unsere Gebete und Praktiken, das Licht unseres spirituellen Strebens. So wie Ihre Wasser verseucht sind, Ihre Luft verschmutzt ist, so ist auch das heilige Licht Ihrer Seele am Verlöschen. Ihr Aufschrei richtet sich an unsere Hände wie auch an unsere Herzen – Sie ruft nach unserer Liebe und unserer Fürsorge. Das ist ein Ruf an alle, die wach sind, Himmel und Erde, Geist und Materie zusammenzubringen und sich zu erinnern, dass jeder Schritt heilig ist.

Wenn wir auf den Ruf des Lebens, unsere Herzen zu öffnen und das Heilige zu erinnern, antworten, werden wir entdecken, dass auch die alten spirituellen Wahrheiten lebendig sind, sich wandeln und ein neues Gesicht offenbaren. Die spirituelle Reise ist kein Text, niedergeschrieben in einem alten Buch, sondern Teil des göttlichen Mysteriums des Lebens. Unsere Sehnsucht nach Gott und die Reise nach Hause gehören dem Innersten der Schöpfung an. Sie sind Bestandteil des Herzschlags des Lebens. Ohne den Strom der Seelen, die sich Gott zuwenden, würde das Leben eine bestimmt Musik und den heiligen Sinn verlieren. Doch so wie sich die Einheit des Lebens verändert und entwickelt, so geschieht das auch mit der Reise. Sie ist immer dieselbe Reise, der ewige Schrei der Seele nach ihrer QUELLE, die Klage des abgeschnittenen Schilfrohrs nach seinem Schilfbett. Aber jetzt muss die Reise das Einssein des Lebens und die gegenseitige Verbundenheit von allem in der Schöpfung anerkennen. Die Einheit muss in die Zellen des Reisenden eingeprägt werden, damit wir bereits zu Anbeginn der Reise, von dem Moment an, wo wir uns zum Licht hinwenden, das Ganze ehren. Wir müssen die Hinwendung unserer Seele zu Gott in die Zellen unseres Körpers und in unseren Atem bringen, der uns mit dem Gesamt des Lebens verbindet. Wir können es uns nicht mehr leisten, das Innere vom Äußeren und das Eine vom Vielen zu trennen.

Der Pfad verändert sich. Tore in den inneren Welten, die uns sonst zu den mystischen Geheimnissen geführt haben, schließen sich jetzt, während andere Tore, die oft mitten im Leben sind, gerade geöffnet werden. Auch offenbart der Pfad tiefere Wahrheiten, die bisher geheim gehalten wurden.

Es gibt spirituelle Lehren, alte Traditionen, welche die innere Reise immer mit dem Gesamt des Lebens verbunden, das Gleichgewicht zwischen den inneren und äußeren Welten gehalten und mit Hilfe spiritueller Praktiken das Ganze genährt haben. Indigene Weisheitshüter bewahren noch einige dieser Lehren. Andere Praktiken werden schrittweise enthüllt und deren esoterische Dimension der heutigen Zeit angepasst werden. Dieses Buch hat unter anderem die Absicht, auf diese Dimension spiritueller Praxis hinzuweisen – so zum Beispiel, wie die Achse der Liebe im Zentrum der Welt arbeitet und wie das Herz unterschiedliche Ebenen der Wirklichkeit miteinander verbindet.

Über Jahrhunderte sind dies sorgsam gehütete Geheimnisse gewesen, die nur von Eingeweihtem zu Eingeweihtem weitergegeben wurden. Doch jetzt ist es für die Menschheit an der Zeit, mehr Verantwortung für ihr spirituelles Erbe zu übernehmen. Arbeit, die sonst nur von einigen wenigen Auserwählten getan wurde, kann nun von vielen ausgeführt werden. Wir konnten sehen, wie das in den vergangenen Jahrzehnten begann, als wir uns wieder mit der ursprünglichen Weisheit der First People verbanden und als alte spirituelle Praktiken aus dem Osten zu uns kamen. Zeiten des Übergangs sind immer gefährlich, und womöglich wird man einige dieser Praktiken missbrauchen. Aber es ist notwendig, dass die Menschheit das Wissen erhält, welches zur Heilung und Transformation der Welt erforderlich ist.

Dieses Buch geht von der Voraussetzung aus, dass eine lebenswichtige Notwendigkeit besteht, unsere kollektive Kultur von einer Geschichte der Trennung und Ausbeutung zu einer neuen Geschichte lebendiger Einheit zu wandeln und dass spirituelle Praxis, indem sie Liebe und Licht erzeugt, eine wesentliche Rolle in dieser Veränderung spielt. Außerdem kann spirituelle Praxis unsere Herzen für die alte Weisheit öffnen, wie die Erde als ein lebendes spirituelles Wesen funktioniert, so dass wir gemeinsam daran arbeiten können, unser sterbendes Ökosystem zu heilen und zu regenerieren und schließlich miteinander zu einer neuen Ära zu erwachen. Ein zentraler Aspekt dieser Arbeit ist die traditionelle Lehre vom Einzelnen als Mikrokosmos des Ganzen. Und so wie ein Einzelner sich spirituell transformieren und erwachen kann, so kann das auch die Erde selbst.

Ich behaupte nicht, dass spiritueller Aktivismus die einzig mögliche Form von Aktivismus ist, um der Menschheit und der

Erde in ihrer Notlage zu helfen. Es gibt viele Wege, um unsere Händc und Herzen in die Arena des Dienens zu bringen, um auf »den Schrei der Armen und den Schrei der Erde« zu reagieren. Worauf ich verweisen möchte, ist, dass spirituelle Praxis ein kaum verstandener Katalysator globaler Veränderung ist, indem sie Zugang zu einer Macht gibt, welche wahre Transformation ermöglicht, einen grundlegenden Wandel, der die Kraft des Landes mit dem Licht unseres spirituellen Selbst verbindet. Diejenigen, die sich zur spirituellen Praxis hingezogen fühlen, können einen wichtigen Beitrag zum Wohlergehen des Ganzen leisten.

Und eine wesentliche Seite spiritueller Praxis ist Beziehung – eine Beziehung zu unserem inneren Licht zu schaffen, eine Beziehung zum Göttlichen und zur Erde als heiligem Lebewesen. Und diese Beziehung leben wir mit unseren Herzen, mit Liebe und Fürsorge und Mitgefühl.

Dieses Buch nimmt den Leser in die Arena spirituellen Dienens mit, das der Zukunft angehört. Es ist keine detaillierte Landkarte oder exakte Beschreibung spiritueller Praktiken. Wir befinden uns in einer Zeit des Übergangs, in der sich die neuen Wege noch nicht völlig ausgebildet haben. Stattdessen beschreibt dieses Buch einige der Grundlagen, der Muster, die sich in den inneren und äußeren Welten entfalten, und unsere Rolle in ihrer Entwicklung. Es weist auf bestimmte spirituelle Haltungen hin, die wir aufgeben müssen, und auf andere, die zu pflegen sind. Auch schildert es die Gefahren und Schwierigkeiten dieser Zeit des Übergangs, die Bruchlinien unserer Kultur und die ungeheuren Kräfte, die darunter kollidieren. Es möchte unsere Auffassung davon, was spirituelles Leben ist, weiten, damit wir auf das wahre Bedürfnis unserer Zeit antworten können.

Gegenwärtig ist wenig klar oder sicher. Aber indem die Erde nach unserer Fürsorge und unserem Mitgefühl ruft, wird auch etwas lebendig, das sowohl uns als auch unseren Planeten verändert. Unser Mitwirken ist essenziell. Gerade wird eine neue Geschichte geschrieben, und wir werden gebeten, in einer neuen Weise dabei zu sein, uns umfassender in den Dienst zu stellen. Die folgenden Kapitel sind Schritte in eine Zukunft, die bereits da ist – wenn wir es wagen, unsere Augen zu öffnen. Unser Geliebter will uns auf neue Weise begegnen, und wir sind hier, um unsere Herzen zu öffnen und »Ja! Ja! Ja!« zu sagen.

Ich sah meinen Herrn in meinen Träumen
und fragte Ihn:
»Wie kann ich Dich finden?«
Er erwiderte: »Lasse dich und komm!«

Bāyezīd Bistāmī

Tue einen Schritt aus dir heraus und –
Siehe da: der Pfad.

Abū Saʿīd ibn Abī-l-Khayr

1
DER ERSTE SCHRITT

JENSEITS VON SELBSTERFÜLLUNG

Spirituelle Energie hat ein ungeheures transformatives Potenzial. Sie ist eine verborgene, feinstoffliche Form von Macht, und Schamanen und spirituelle Meister haben sie schon immer gekannt. Im Westen ist uns erst seit kurzem direkter Zugang zu dieser Energie[1] gegeben worden. Als spirituelle Praktiken und Lehren im letzten Jahrhundert in den Westen kamen, vermittelten sie verschiedene Methoden, mit spiritueller Energie zu arbeiten, wie Meditation, Achtsamkeit, Mantras, Atemübungen, heilige Tänze und Musik. Eine Generation erwachte zu dem Wunder und der Kraft, die im Inneren gefunden werden konnte, und lernte, diese Energie zu nutzen, um ihr Leben zu verändern. Aber – wie ich schon erwähnt habe – ging bei dieser Reise in den Westen ein wesentlicher Bestandteil spiritueller Praxis verloren.

Die reine Energie, das Licht und die Liebe wahrer spiritueller Energie, wurden schleichend zugedeckt durch die westliche Ausrichtung auf das individuelle Selbst und das, was als »spiritueller Materialismus« bekannt geworden ist. Spirituelle Energie entspringt einem unmittelbaren Zugang zum Göttlichen, unserem tiefsten Sein, wo wir eins mit Gott sind. Sie ist frei, kostenlos wie das Licht der Sonne. Doch als die verschiedenen Formen spiritueller Praxis auf dem Markt angeboten wurden, veränderte sich ihr Fokus subtil, indem es immer weniger um die einfache Verbindung zum göttlichen Bewusstsein, zum Licht und zur Liebe ging, sondern um Selbstentwicklung, Gesundheit und Wohlbefinden. Das Ego, unser illusorisches Gefühl von einem getrennten Selbst, wollte dieses Wunder für sich haben. Und wir vergaßen – oder haben es nie gelernt – eine der elementaren Grundlagen jeder spirituellen Arbeit, nämlich, dass wir nichts für uns selbst wollen dürfen, wie das die frühe Sufi-Heilige Rābiʿa ausdrückt: »Ich arbeite nicht wie ein Tagelöhner in Erwartung meiner Entlohnung.«

Auch noch in ihrer begrenzten Form können diese Praktiken und ihre Lehren viele gute Eigenschaften bewirken, wie Gegenwärtigkeit, das Gefühl für unsere wahre Natur, mehr Mitgefühl und Herzensgüte. Wir erhaschen vielleicht einen flüchtigen Blick auf die Einheit des Lebens oder »Nicht-Dualität« und verbinden uns mit unserer Umgebung und mit anderen auf tiefere Weise. Aber die Qualität spirituellen Dienens, Betens und der Hingabe kommt gar nicht in unser Bewusstseinsfeld. Indem wir etwas für uns selbst wollen, verlieren wir den Zugang zu einer größeren Dimension spiritueller Energie, nämlich dass sie nicht nur den Einzelnen nährt und transformiert, sondern auch das ganze Leben. Wollen wir das wirkliche Potenzial dieser Macht wiedererlangen und soll dieses Tor zur wahren Verantwortung und zum Dienen geöffnet werden, müssen wir dafür sorgen, dass wir diesen »ersten Schritt« tun: die Abkehr von uns selbst. Das ist einfach und radikal zugleich und wird so leicht übersehen.

Doch wie können wir diesen wesentlichen Schritt machen, wenn die Geschichte, die unsere ganze Kultur bestimmt, uns vom individuellen getrennten Selbst erzählt, davon, dass wir voneinander und von der Erde getrennt sind? Wie bei machtvollen Mythen haben wir vergessen, dass es dabei nur um eine Geschichte geht. Auch wenn die ökologische Erkenntnis eine völlig andere Geschichte aufzeigt – dass wir Teil eines miteinander verbundenen lebenden Ganzen sind, und die Wissenschaft von der Wechselbeziehung von Bewusstsein und Materie spricht. Und die spirituellen Lehren uns sagen, dass das »Ich« die größte Illusion ist. Es gibt kein getrenntes Selbst.

Wie können wir das verstehen, wenn wir nichts anderes kennen und vermittelt bekommen haben als den Wert des Ego? Wir sehen unser Leben mit den Augen des Ego: Unser Leben bezieht sich auf uns. Das ist das Gesicht, das wir im Spiegel sehen, wenn wir morgens aufstehen. Und so können wir am Anfang die spirituelle Reise nur innerhalb des Bezugssystems unseres Ego und seinen konditionierten Werten sehen und stellen uns die Reise deshalb als einen Prozess der Selbstverbesserung vor, der uns zu einem tieferen und erfüllteren Leben führt. Auch drehen sich die Werte unserer Kultur um Selbsterfüllung, sei es auf materieller, sexueller oder emotionaler Ebene. Zu leicht projizieren wir diese Werte auf die spirituelle Reise und schaffen dadurch lediglich ein erhabeneres Bild der Erfüllung. Wir wollen nicht nur emotional oder sexuell erfüllt werden, wir wollen auch »spirituelle Erfüllung«. In diesen Traum von spiritueller Erfüllung packen wir dann vielleicht noch unsere unerfüllten Bedürfnisse, Bilder von Selbstermächtigung und einer spirituell bedeutungsvollen Beziehung, von Angenommensein und Geliebtwerden.

Solche Illusionen sind, wie ich im nächsten Kapitel untersuchen werde, für die anfänglichen Stadien der Reise verständlich und sollten wegfallen, wenn wir näher zu der essenziellen Einfachheit und Leere unserer wahren Natur kommen. Die Gefahr ist, dass Selbsterfüllung zum Ziel wird. Dann können wir nicht über unseren eigenen Horizont hinausblicken, und die spirituelle Welt wird in das Wertesystem des Ego eingezwängt.

Doch ist das alles, was wir erfassen können? Hat uns diese auf die Befriedigung des eigenen Ich ausgerichtete Kultur derart konditioniert, dass uns nur noch weitere Bilder der Selbsterfüllung anziehen? Auch wenn wir uns nicht mehr allein auf ein besseres materielles Leben konzentrieren und vielleicht spirituelle Ziele anstreben, merken wir dabei nicht, dass wir nur eine andere Form des Eigennutzes entwickelt haben und weiterhin Gefangene unseres Ego und seiner Endlosschleifen unbefriedigter Bedürfnisse sind. Müssen wir in diesen vertrauten Mustern verharren, um uns zu beruhigen? Oder sind wir bereit zu akzeptieren, dass es bei diesem größten Abenteuer nicht um uns geht?

Unsere Kultur verweigert uns subtil wie auch unverhohlen die Lehren und Werkzeuge, die uns aus ihren ichbesessenen Klauen befreien könnten. Wir opfern einen so großen Teil unseres Lebens ihren Ansprüchen auf materielles Glück, was uns unsere Zeit und Energie raubt. Sollen wir auch noch unsere Seelen dem Bild spirituellen Glücks unterwerfen? Was ist mit der alten Wahrheit, dass wir die Freiheit vom Ich und ein tieferes Einssein mit dem Leben und dem Göttlichen erfahren können? Bringen wir den Mut auf, einen kurzen Blick auf die Unermesslichkeit einer Reise zu werfen, die uns weit über unsere kleine ichbezogene Welt hinausnimmt?

ZUGANG ZUR GÖTTLICHEN MACHT

Gegenwärtig eröffnet sich noch eine weitere wichtige Dimension dieser Frage. Wir sind uns bewusst, dass wir uns jetzt in einer globalen Krise befinden, dass unsere aktuellen kollektiven Werte und die in der Unternehmenskultur herrschenden Kräfte des Materialismus und der Gier unseren Planeten zerstören. Wir spüren womöglich, dass spirituelles Bewusstsein eine wichtige

Rolle bei der Heilung und Transformation unserer Welt zu spielen hat und dass wir eine wirkliche Verantwortung dafür tragen, einen Wandel zu bewirken, bevor diese Kräfte unwiderruflich unsere äußeren wie auch unsere inneren Welten zerstören. Aber wie können wir Zugang zu unserer spirituellen Macht bekommen und unserem Potenzial, den notwendigen fundamentalen Wechsel herbeizuführen, wenn wir weiter Spiritualität mit denselben ichbezogenen Werten angehen, die unser globales Dilemma verursacht haben?

Das Ego ist so beschaffen, dass es sich nur als getrennt sieht. Es ist die Entwicklung des Ich, die unser Gefühl des getrennten Selbst erzeugt, wenn sich das Kind von der Mutter löst. Aber das Ich trennt uns auch vom Gewahrsein des Göttlichen und seiner alles durchziehenden Einheit, weshalb die Kinder, sobald sie heranwachsen, so leicht den Kontakt zur magischen und numinosen Qualität verlieren. Werden wir älter, verwehrt uns unsere grundsätzliche Identifizierung mit dem Ego den Zugang zu unserer eingeborenen Weisheit und Macht. Deshalb lehren uns die echten spirituellen Pfade, das Ego zu überwinden oder aufzugeben, während viele der derzeitigen spirituellen Lehren raffiniert verführerisch sind, indem sie uns die Illusion individueller Erfüllung versprechen und uns so in unserem Ego gefangen halten und uns den Zugang zum Wirklichen verwehren. Bleiben wir bei den Werten des Ego, haben wir nur Zugang zur Energie und Sichtweise unseres Ego mit seinen trügerischen Mustern. Die Welt kann nicht durch spirituelle Illusionen geheilt werden, die auf der Geschichte von Trennung basieren. Aber sie kann mit Hilfe der wahren Macht und Weisheit des Göttlichen geheilt werden, die uns allen innewohnen.

Es gibt eine einfache Wahrheit, allen bekannt, die sich spiritueller Praxis verpflichten: Nur das Göttliche, ob es durch Gnade, Liebe oder spirituelle Macht erfahren wird, kann uns wirklich transformieren. Und was für das Individuum gilt, gilt auch für die Welt. Nur das Göttliche vermag die Welt zu heilen – die antagonistischen Kräfte in der Welt haben sich zu mächtig herausgebildet, als dass wir sie von uns aus auflösen könnten; die Muster von Gier und Ausbeutung, die dem Planeten den Lebenssaft aussaugen und sein Ökosystem zerstören, sind viel zu tief eingegraben. Aber wir können nicht vollständig Zugang zur Energie des Göttlichen bekommen, wenn wir nicht über unser Ego-Selbst hinaustreten.

Die Macht des Göttlichen kann auf vielerlei Weise aufgefasst werden. Es ist das Licht des Höheren Selbst – unsere Seele oder göttliche Natur, die heiligen Kräfte in der Schöpfung, die wirkliche Lebensfreude, die Energie unserer wahren Natur, die Liebe Gottes. Echte spirituelle Traditionen, die über das Ego hinausgehen, verbinden uns mit dieser Macht und lehren uns dann, sie ins Leben zu bringen, nämlich vom göttlichen Zentrum unserer selbst aus mitten im Alltag zu leben. Sie lehren uns, dem Göttlichen zu dienen und nicht den Wünschen unseres Ego. Diese spirituellen Traditionen lehren uns auch, dass Opfer zur Reise gehören. Im Sufismus wird uns beigebracht zu »sterben, bevor wir sterben«, die Werte des Ego aufzugeben, um die größere Dimension des SELBST zu erfassen. Ohne diese Haltung der Hingabe oder Selbstaufgabe kann es keine wirkliche Reise geben und auch kein Leben des wahren Dienens.

Mit der richtigen Haltung der Hingabe und des spirituellen Dienens ist es möglich, über das Ego und seine Begrenzungen hinauszugehen und in die Dimension unserer göttlichen Natur, des SELBST, einzutreten. Das Göttliche braucht, um diese Qualität ins Leben zu bringen, unsere Beteiligung. Wir müssen mit der Macht der Liebe für das Wohlergehen des Ganzen wirken.

Unser ichorientiertes Leben hat eine fragmentierte Welt der Konflikte geschaffen, in der unterschiedliche Lager um die

Vorherrschaft streiten. Wir müssen konkurrieren und kämpfen, gefangen in den Bildern von Gewinnern und Verlierern und all den anderen Dramen des Dualismus. In dieser Welt müssen wir selbst für uns sorgen, weil es niemand anders tut. In unserem Getrenntsein fühlen wir uns oft allein und isoliert, unfähig einen wirklichen Wandel herbeizuführen. Überdies hängt es zum Teil mit unserer selbsterzeugten Illusion des Getrenntseins von der Erde zusammen, dass wir ihr fragiles Netz zerstören. Würden wir erkennen, wie untrennbar wir mit der Erde verbunden sind, könnten wir sie niemals als Rohstofflieferant derart ausschlachten.

Sobald wir aus der Illusion unseres getrennten Ich heraustreten, entsteht ein radikal anderes Bild. Unsere wahre Natur existiert in der Dimension der Einheit. Anders als das Ego-Selbst, das immer auf die eigenen Interessen schaut, spiegelt das SELBST eine Sicht der Einheit, in der jeder einzelne Teil entsprechend seines wahren Bedürfnisses genährt wird. Eine kurze Wahrnehmung des SELBST vermittelt uns das Gefühl einer allseitig vernetzten Einheit, in der nichts getrennt ist: Alles ist Ausdruck einer dynamisch lebendigen Einheit; jeder Mensch, jeder Stein ist diese Einheit; alles ist miteinander verbunden und voneinander abhängig. Unser individuelles SELBST ist das Universale Selbst, und alles ist ein lebendiger Organismus aus Licht und Liebe.

Wenn wir in dem Bewusstsein der uns innewohnenden Einheit leben, bringen wir diese Einheit in das kollektive Bewusstsein unserer Kultur, die durch die Illusion der Trennung untergeht. Unser Licht *ist* das Licht der Welt; unser göttliches Bewusstsein *ist* das spirituelle Bewusstsein der Welt – nichts ist getrennt. Wenn wir uns vom Ego und seinen Verlangen abwenden, erfahren wir, dass wir diese heilige Substanz verkörpern. Und wir sind auch das Leben, voller Hunger nach dem Heiligen. In dem dynamischen allseitig verbundenen Ganzen sind wir der

Einatem und der Ausatem des Lebens – des Lebens, das nicht einfach nur eine physische Existenz ist, sondern ein multidimensionaler lebendiger Organismus aus Licht und Liebe. Wir sind der spirituelle Lebenssaft des Planeten, und wir müssen diese Dimension des Lebens ehren, diese Qualität der Einheit, die in allem gegenwärtig ist und die wir in unserem eigenen Herzen fühlen können.

GLOBALE EINHEIT UND SELBSTBEZOGENHEIT

Wir brauchen die Macht des Göttlichen mit der Schau der Einheit, damit wir aus der Geschichte der Trennung zur Erkenntnis globaler Einheit gelangen. Mit den Augen der Liebe entdecken wir, dass wir zu einem voneinander abhängigen physischen und spirituellen Ökosystem gehören, in dem jeder Teil das Ganze nährt und unterstützt. Unser Überleben und unsere Evolution werden von unserem Verständnis der Verknüpfungen zwischen den Teilen und ihrem dynamischen Zusammenwirken abhängen. Das Herz birgt die Samen dieser Sicht, denn es sieht immer alles als Spiegelung des Ganzen. Unsere göttliche Natur ist die Einheit der Welt, die auch die Einheit Gottes ist. Durch eine schöpferische Beziehung zu unserer höheren Natur können wir die Erkenntnis der Einheit in unser Leben bringen und lernen, nach ihren Prinzipien und ihrem Wissen zu leben.

Die Einheit ist keine abstrakte Idee, sondern ein lebendiger Ausdruck der wahren Natur des Lebens und der Erde. Die Einheit allen Lebens ist die Manifestation der göttlichen Einheit, die in unserem Herzen und unserer Seele wohnt. Und so wie die Menschheit einen Wissensschatz bekommen und auch entwickelt hat, wie sie mit ihrer göttlichen Natur arbeiten kann –

Praktiken, die uns helfen, uns zu transformieren und unser höheres Bewusstsein zu verwirklichen –, so wird uns jetzt auch Zugang zu dem Wissen gegeben, wie die Einheit in der Welt funktioniert. Es ist essenziell, dass wir dieses höhere Wissen vom Leben wiederentdecken, damit das Leben selbst transformiert werden kann. Zu lange haben wir Materie und Geist getrennt und die göttliche Natur der ganzen Schöpfung geleugnet. Die Macht dieses kollektiven Vergessens hat unsere Erde verhungern lassen. Kollektiv beten wir mit täglichen Ritualen schon längst nicht mehr für die Erde, wir ehren sie kaum noch und danken ihr nur selten. Wir müssen der Erde die Kraft des Geistes zurückgeben und erkennen, wie dieses lebendige Wesen eigentlich funktioniert. Wir müssen das Verständnis für die der Schöpfung zugrunde liegenden spirituellen Prinzipien wiedergewinnen und lernen, wie mit ihnen gearbeitet werden kann.

Dieser Wissensschatz der heiligen Natur der Schöpfung wartet darauf, dass er benutzt wird. Er ist im spirituellen Körper der Erde enthalten, genauso wie unsere eigene höhere Weisheit in unserem höheren Bewusstsein zugegen ist. Aber dieses Wissen ist für ein auf das Ego ausgerichtetes Bewusstsein nicht zugänglich. Es wird sich nur einem Bewusstsein enthüllen, das auf das Wohlergehen des Ganzen schaut. Da sich jedoch traurigerweise so viele der heutigen spirituellen Lehren ausschließlich auf unser individuelles Wohlbefinden konzentrieren, wissen viele Menschen nicht einmal, dass es das gibt. Deshalb ist es so überaus wichtig, dass wir den ersten Schritt tun und erkennen, wie sehr wir uns begrenzen und abtrennen. Mit den Worten des Sufi-Märtyrers al-Hallāj: »Der erste Schritt besteht darin, aufzuhören, sich von Gott zu trennen.«

Die göttliche Ganzheit wartet darauf, gelebt zu werden. Das schließt jede Zelle der Schöpfung mit ein, die Weisheit in jeder Pflanze und in jedem Tier, den Rhythmus der Gezeiten und den Lauf der Sterne. Es ist ein tiefes instinktives Wissen darüber, wie die Welt als ein lebendiges, atmendes spirituelles Wesen funktioniert. Und es ist sehr praxistauglich, keine idealistische spirituelle Theorie, sondern ein Wissen, das zu den elementaren Prinzipien des Lebens gehört: Alles ist heilig und ein Ausdruck des Schöpfers. Im Gesamt der Schöpfung gibt es ein Gleichgewicht und eine Harmonie, die gelebt werden wollen. In diesem Gleichgewicht werden die wahren Bedürfnisse des Lebens erfüllt, wenn auch viele unserer selbsterzeugten Wünsche geopfert werden müssen. Die Welt ist nicht dazu da, uns das zu geben, was wir wollen: Die Welt ist ein Ausdruck göttlicher Liebe, und sie braucht uns, damit sie ihr volles Potenzial verwirklichen kann.

Wir müssen die Weisheit vergangener Kulturen wiedererlangen, die noch wussten, dass wir hier sind, um zusammen mit dem Heiligen im Leben zu arbeiten. Uns ist die Verantwortung dafür übertragen worden, der Schöpfung zu helfen, sich zu entwickeln, Mit-Schöpfer im tiefsten Sinne zu sein. Diese spirituelle und ökologische Verantwortung zu erkennen, gehört zur nächsten Stufe unserer kollektiven Evolution. Dazu ist es auch nötig, einzusehen, dass wir diese Abwärtsspirale unserer globalen Situation selber herbeigeführt haben. Nur wenn wir wirkliche Verantwortung für die Erde übernehmen, können wir die gegenwärtige ökologische Katastrophe vielleicht noch abwenden.

Das bedeutet, dass die Menschheit einen riesigen Schritt vollziehen muss, und das globale Ausmaß unserer gegenwärtigen Probleme – die Krise des Klimawandels, das Gift in unserer Luft und in unseren Meeren – zeigen, wie absolut notwendig es ist, zu einem globalen Bewusstsein überzuwechseln. Und doch haben uns die Kräfte, die sich jedem wirklichen Wandel widersetzen, in die Angst und den Isolationismus getrieben. Hierin liegt der eigentliche Kampf, den es zu führen gilt. Wir brauchen so notwendig das Wissen um die Einheit, aber die Muster, die uns dieses Wissen versperren, gewinnen an Stärke. Globale Kommunikation, Internet, Soziale Medien – sie alle verbinden uns mit der ganzen Welt. Doch kollektiv sind wir offenbar unfähig, aus unserer Selbstbezogenheit herauszutreten und die Einheit des Lebens und der Welt anzunehmen. Natürlich kostet dieser Schritt etwas. Hier im Westen werden wir viele der Privilegien verlieren, die uns so selbstverständlich sind. Wir werden wohl auf unsere Dominanz verzichten und unsere Gier opfern müssen, die wir mit unserer Konsumkultur bemäntelt haben.

DIE SPIRITUELLEN PRINZIPIEN INNERHALB DES LEBENS

Die höheren Prinzipien innerhalb des Lebens warten darauf, entdeckt und genutzt zu werden. Als lebendes spirituelles Wesen kann die Erde auf Weisen funktionieren, die uns derzeit noch verborgen sind. Wenn wir die Welt durch das Prisma unseres selbstbezogenen materialistischen Bewusstseins sehen, können wir ihrer wirklichen Natur und ihres Potenzials nicht gewahr werden. Die Aufgabe für diejenigen, denen die Fähigkeit und die Verantwortung spirituellen Gewahrseins gegeben worden ist, besteht darin, sich auf das höhere Potenzial des Lebens einzuschwingen. Spirituelle Sucher sind schon immer Pioniere gewesen, indem sie die oberflächliche Welt des Kollektivs hintersichlassen, um eine größere Wirklichkeit zu erforschen. Wir haben Dimensionen in uns selbst wahrgenommen oder erfahren, die jenseits des Physikalischen sind, und unsere Träume und Visionen haben uns gezeigt, wie diese Dimensionen unser Leben umgestalten können. Jetzt müssen wir dieses Bewusstsein in die Arena der globalen Einheit bringen, die Konzentration auf unsere individuelle Entwicklung beiseitelassen und diese größere Bühne erkennen. So wie es verborgenes Wissen und spirituelles Potenzial in jedem von uns gibt, so finden sich im spirituellen Körper der Erde ähnliche Qualitäten, und es ist an uns, sie zu entdecken – empfänglich für ihr Enthüllen zu sein.

Die Welt wird nicht von Politikern und Konzernen gerettet werden, sondern von denen, die wegen der Not der Menschheit und der Erde dienen wollen – jene, die wirklich »Sorge tragen für unser gemeinsames Haus«. Höheres Wissen ist immer von innen gekommen, aber es braucht jene, die sich verpflichten, diese Offenbarung ins Leben zu bringen, das Innere und das Äußere zu vereinen und die Welt zu ihrer spirituellen Natur zu erwecken. Unsere Augen können die Misere dieser Welt sehen, die Probleme, die wir geschaffen haben. Unser Herz und das höhere Bewusstsein aber sind fähig, sich auf die göttliche Einheit und die Harmonie und den Frieden darin einzustimmen. Werden diese unterschiedlichen Ebenen des Bewusstseins zusammengebracht, ermöglicht das dem Inneren, das Äußere zu beeinflussen.

In der vergangenen Ära hat unser Fokus auf einer transzendenten, oft entkörperlichten Spiritualität gelegen. Die Folge war, dass wir die ganz praktische Natur unseres wahren Selbst vergessen haben. Die Dimension der Einheit umfasst alles. Nichts ist höher oder niedriger, es gibt nichts, was nicht heilig ist. Spirituelles Wissen gehört zum Gesamt des Lebens, zu jeder Zelle der Schöpfung. Die Seele wohnt im ganzen Körper eines jeden Menschen und ist auch im Körper der Erde gegenwärtig. Die spirituellen Prinzipien bieten uns einen sehr praktischen Weg, mit den Energien des Lebens zu arbeiten.

Unsere auf Wissenschaft und Technologie basierende Kultur vermittelt uns den Anschein einer konkreten, definierbaren Welt, säuberlich geschieden von den »Fantastereien« des Geistes.

Aber wir haben vergessen, dass der Vater unserer westlichen Kultur – Parmenides, der Mann, der die Logik ersann, die Grundlage unseres Denkens – ein Mystiker war, der seine Lehren von der Göttin[2] empfing. Spiritualität ist die Wissenschaft von der wahren Beschaffenheit der Dinge. Sie hilft uns, die Essenz der Dinge zu erkennen. Spirituelle Erkenntnis schwingt uns nicht allein auf den wahren Sinn unseres Lebens ein, sondern auch darauf, wie das Leben in die Existenz kommt, und auf die Kräfte hinter der Schöpfung. Eine transzendente Göttlichkeit verlangt eher nach abstrakter Metaphysik, doch bringen wir das Göttliche an seinen rechtmäßigen Platz in der Schöpfung zurück, wird Spiritualität zu etwas ganz anderem: ein praktischer Weg, mit der heiligen Energie zu arbeiten, die innerhalb der Schöpfung ist, ein Weg, diese Energie zum Besten allen Lebens zu nutzen.

Doch bevor uns dieses spirituelle Wissen gegeben werden kann, geht es darum, die richtige empfängliche Haltung zu entwickeln. Wir müssen unser spirituelles Bewusstsein von unserer eigenen inneren Reise in den größeren Raum der Entfaltung des Lebens ausdehnen. Diese Erkenntnis erreichen wir am Ende unserer inneren Reise, wenn wir entdecken, dass unser individuelles SELBST das Universale SELBST *ist*. Oder wir können diesen Wandel mit einer einfachen Bewusstseinserweiterung auslösen, bei der die globale Dimension der Einheit anerkannt wird: Wir sind Teil der Gesamtheit des Lebens. Nichts ist getrennt. Was in uns ist, ist in der Welt. In unserem spirituellen Bewusstsein liegen nicht nur die Geheimnisse des eigenen Erwachens, sondern auch die des Erwachens unseres Planeten.

Haben wir eine Bewusstseinshaltung, die für diese Dimension der Spiritualität empfänglich ist, können wir Zugang zu dem Wissen bekommen, das dem Entfalten des Lebens angehört. Dieses Wissen wartet darauf, dass es der Menschheit gegeben wird. Die Welt braucht unsere Hilfe, um sich zu entwickeln.

Dieses neue Wissen wird sich über die ganze Bandbreite des Lebens erstrecken – von neuen Heilmethoden bis zur Nutzung der Sonne als saubere elementare Energiequelle. Wir werden lernen, wie durch die Prinzipien der Einheit Waren und Materialien dahin gelangen können, wo sie auf der ganzen Welt wirklich benötigt werden, und dadurch zu versorgen statt auszubeuten. Und wir werden auch unsere Finanzinstitutionen an das neue organische Modell anpassen. Wir haben durch die rapide Entwicklung des Internets gesehen, wie effizient und kosteneffektiv solche neuen Technologien auf Weisen sein können, die für uns vorher unvorstellbar waren.

Auch wird uns esoterisches Wissen, das mit dem spirituellen Erwachen der Erde zusammenhängt, zur Verfügung stehen. Ohne diesen inneren Kern spiritueller Lehren werden all die anderen Entwicklungen nur oberflächlich und zu einem Bruchteil ihres wahren Potenzials funktionieren. Das Erwachen des spirituellen Körpers der Erde wird es uns ermöglichen, das Leben auf völlig neue Weise zu begreifen, nämlich gegründet auf Einheit statt auf Trennung. Wir werden dadurch Zugang zu Energiequellen in der Erde bekommen, die wir für unsere Entwicklung brauchen. Und sobald die Welt erwacht, werden sich die Menschen und der Planet auf eine völlig neue Art verbinden.

Nach alter Tradition ist der Einzelne ein Mikrokosmos der gesamten Schöpfung (im Sufismus »der kleine Adam im Verhältnis zum großen Adam«). Entsprechend ist der spirituelle Körper der Erde ein Makrokosmos des spirituellen Körpers des Einzelnen und folgt ähnlichen Wegen des Erwachens. Dieses Erwachen kann nicht erzwungen werden, sondern erfordert ein Wissen um die Energien in der Erde und im Einzelnen, Kenntnis darüber, wie diese sich verbinden und miteinander schwingen. Dies gehört zu einer neuen Ebene spirituellen Bewusstseins, das der Menschheit gegeben werden wird. Jede Ära der Evolution der Menschheit benötigt einen neuen spirituellen Wissensschatz, und wie Jesus zu Beginn der letzten Ära sagte:

> Auch gießt niemand neuen Wein in alte Schläuche. Sonst wird der Wein die Schläuche zersprengen und der Wein geht zugrunde samt den Schläuchen. Sondern neuen Wein gießt man in neue Schläuche.[3]

Das bedeutet, jede Ära braucht eine neue Grundeinstellung, um die spirituellen Lehren zu fassen, die zugänglich werden. Deshalb besteht der erste Schritt darin, dass wir unsere derzeitige spirituelle Konditionierung, uns auf unsere eigene spirituelle Reise zu fokussieren, hinter uns lassen. Nur dann können wir für diese neue Dimension spiritueller Erkenntnis empfänglich sein.

In der Zeit für Stille, Stille.
In der Zeit für Beisammensein, Beisammensein.
Am Ort des Bemühens, Bemühen.
Alles zu seiner Zeit und an seinem Ort.

Naqshbandi-Ausspruch

2

SPIRITUELLE REIFE UND DIENEN

Uns umgibt unaufhörliche Offenbarung. Jeden Augenblick wird das Göttliche neu geboren. Und zugleich befinden wir uns zu diesem Zeitpunkt unserer Geschichte auch am Beginn einer neuen Ära; ein neues Muster des Lebens ist dabei, in die Existenz zu kommen. Für diese Geburt ist unser spirituelles Bewusstsein von zentraler Bedeutung. Wir sind mit unserem Herzen, unserem Gewahrsein und mit jedem Atemzug Hebammen für ein neues Erwachen der Erde, das sich gerade jetzt vollziehen will. Damit wir wirklich an dieser Geburt beteiligt sein können, ist es notwendig, alte Muster hinter uns zu lassen, alte Gewohnheiten, auf dieser Erde zu gehen und zum Himmel aufzuschauen. Wir treten in eine Ära der Einheit, die Materie und Geist, weiblich und männlich zusammenbringen wird, und unsere spirituelle Praxis muss diese neue Ausrichtung widerspiegeln. Wir können uns nicht mehr von der Erde lossagen oder einem patriarchalischen Modell des spirituellen Fortschritts folgen. Die Reise unserer Seele ist Teil der Reise der gesamten Schöpfung. Unser Herz ist mit dem Herzen der Welt verbunden. Unser Erinnern ist das Erinnern der Welt. Durch unser Erwachen kann die Welt erwachen.

Und doch geht die individuelle Reise der Seele zurück zur QUELLE, die Reise der Liebenden zurück zum Geliebten weiter wie schon immer. Alles verändert sich, und nichts verändert sich. Die Reise einer Seele nach Hause ist wie der spirituelle Herzschlag der Welt. Wenn sich ein Sucher dem Geliebten zuwendet, jubiliert die ganze Schöpfung, denn das ist der ureigenste Gesang allen Lebens. Jedes Atom sehnt sich danach, mit dem Geliebten vereint zu werden, und als spirituelle Reisende leben wir diese Sehnsucht mit unserem ganzen Sein. Diese Reise ist unser größter Beitrag an das Leben und an unseren Geliebten. Wir geben uns auf dem Altar Seiner Liebe hin und leben Sein Drama der Trennung und Vereinigung.

Wenn wir unser spirituelles Bewusstsein ausdehnen und die ganze Schöpfung mit einbeziehen, ist es wichtig, sich die Einfachheit und Normalität der Reise der Seele zu verdeutlichen und dass sie im Alltag gelebt werden muss. Die Sehnsucht des Herzens nach Gott gehört zur Ur-Essenz des Lebens. So wie eine Sonnenblume sich zur Sonne hin ausrichtet, so schaut auch unsere Seele zu ihrer QUELLE. Diesen wahren Ruf zu leben und zu atmen, bedeutet häufig, viele der Illusionen zurückzulassen, die wir wohl vom spirituellen Leben haben. Und wenn wir unsere eigene Reise mit der Reise des Lebens verbinden wollen, müssen wir besonders vorsichtig sein, das heißt, den Pfad als reife Erwachsene zu gehen und nicht eine andere Ebene der Illusionen zu erschaffen.

So wie wir den ersten Schritt von uns selbst weg tun müssen, damit wir eine tiefere Dimension spiritueller Energie erreichen, so müssen wir auch spirituelle Reife erlangen, damit wir dem Leben und dem Göttlichen wahrhaft dienen können.

DIE UNSCHULD DES ERWACHENS

Zu Beginn unserer Reise berührt ein Funke reiner Liebe unser Herz und wir erwachen für einen Moment zu dem Wunder unserer wirklichen Natur und unserem innersten Einssein mit Gott. Ohne dieses Geschenk der Liebe gäbe es keine Reise, gäbe es kein Sehnen, zu Gott zurückzukehren. Wir würden in den Schatten des Vergessens bleiben und nie unser wahres Selbst kennenlernen. Dieser Funke erweckt uns und richtet unsere Aufmerksamkeit auf die Reise der Seele, das größte Abenteuer.

Dieses Erwachen der Liebe, traditionell als das »Wenden des Herzens« bezeichnet, erscheint wie die erste Romanze, nur dass es hierbei kein idealisiertes geliebtes Gegenüber und keine romantischen Phantasien gibt. Das hier ist die große Liebesgeschichte der Seele mit Gott, die unvermittelt ins Bewusstsein hereinbricht. Und doch erweckt sie häufig in den Liebenden eine mit jugendlichem Ungestüm vergleichbare Qualität, und es entstehen spirituelle Phantasien, die wie ihre romantischen Entsprechungen, oft außer Kontrolle geraten. Es ist nicht immer leicht, dieses Erwachen zur Wirklichen Liebe mit den Alltäglichkeiten unseres Lebens in Einklang zu bringen oder diesen allertiefsten Wunsch in unserem normalen Bewusstsein zu halten.

Das Wenden des Herzens erweckt einen Funken in uns. Letztlich wird er zu einem Feuer, das uns brennen lässt und schließlich verzehrt, das unser Blei in Gold verwandelt. Doch am Anfang ist es nichts weiter als eine verrückte Leidenschaft, die kein Gefäß hat. Wir mögen sie als »Sehnsucht nach Gott« bezeichnen, aber wir haben keine Ahnung von der wirklichen Dynamik der Reise, von der schmerzvollen Arbeit am Schatten und am niederen Selbst, vom Zermahlen des Ego, was zu den ersten Jahren der Suche gehört. So wie die romantische Erfahrung des Sich-Verliebens uns in keiner Weise auf die wirkliche Arbeit an einer Beziehung vorbereitet, so lässt uns der Funke, der uns im Herz der Herzen berührt, nicht an die unfassbare und gefährliche Natur von dem denken, was auf uns wartet. Wir werden in die Liebesaffäre mit Gott geworfen wie ein Blinder in ein grenzenloses Meer.

So ist es schon immer gewesen. Wir kommen in Unschuld und voller Sehnsucht, verwirrt durch Zweifel und Unsicherheiten, erfüllt von einem Sehnen nach etwas, das wir nicht verstehen können. Wir wissen auch nicht, was wir mit der Intensität und Leidenschaft der Seele anfangen sollen. Was bleibt uns anderes übrig, als spirituelle Phantasien zu entwickeln, Bilder einer spirituellen Welt zu erschaffen, die voll ist mit all dem Unerfüllten in uns?

Vielleicht gibt uns die Reise den Partner, den wir uns schon immer gewünscht haben, oder die Arbeit, die wir unserer Meinung nach verdienen. So projizieren wir nur zu leicht unsere persönlichen Bedürfnisse auf die uns unbekannten Möglichkeiten unserer Suche, halten Ausschau nach einem Elternteil, der uns liebt, einem Liebhaber, der uns in die Arme schließt, nach Freunden, die uns verstehen, nach Arbeit, die uns erfüllt. Im Westen wird diese natürliche Tendenz zum Projizieren noch von einer Konditionierung verstärkt, die nach sofortiger Wunscherfüllung drängt und uns einredet, wir hätten ein Recht auf persönliches Glück. Der harte Weg wirklichen spirituellen Lebens hat in unserem kollektiven Bewusstsein wenig Raum.

Erschwert wird das alles noch durch den Umstand, dass wir zu Beginn etwas gezeigt bekommen, das unmittelbar ist, weil es zum ewigen Jetzt gehört. Wir dürfen einen kurzen Blick auf das werfen, was immer da ist – auf unseren ewigen Geliebten. In diesem Augenblick gibt es keine Zeit und keine lange, mühsame Reise. Stattdessen ist da etwas Spontanes und völlig Lebendiges. Er verführt uns, indem Er uns einen Geschmack von dem gibt, was bereits in uns ist – das Geschenk unserer selbst, wie wir ewig sind. Wie kann das Ego mit seinem Begrenztsein in Zeit und Raum dieses ewige Jetzt verstehen oder leben?

Der Reisende versteht anfangs nicht, dass es bei der wahren Arbeit auf dem Pfad nicht darum geht, Zugang zu spirituellen oder mystischen Erfahrungen zu bekommen. Diese werden durch Gnade geschenkt. Die Arbeit besteht darin, ein Behältnis, ein Gefäß für solche Erfahrungen herauszubilden, damit sie in unserem Alltag lebendig werden können. Wir lernen also, das größte Verlangen unseres Herzens zu leben, ohne uns in unnötigen Illusionen und Ablenkungen zu verlieren. Ohne das Gefäß eines geerdeten Lebens und richtiger Unterscheidung kann sich die Reisende leicht verirren und verschwendet dann die Energie und das Potenzial für ihr Erwachen.

SPIRITUELLE ILLUSIONEN

Das heißt nicht, dass wir die Erregung und das Feuer unseres Erwachens aufgeben sollen. In der Tradition ist das die spirituelle Neugeburt, der Augenblick, in dem das wahre Leben der Seele beginnt. Das »Ja«, das bis dahin in der Seele verborgen war, kommt zum Vorschein und bricht manchmal mit voller Wucht in unsere äußere Welt ein. Dieser Moment bringt eine Freude und eine Intensität mit, die gelebt werden müssen. Die wirkliche Liebe ist gekommen; wahres Licht ist gegenwärtig. Etwas Gewaltiges hat begonnen. Häufig verbindet sich das mit dem Gefühl, zum ersten Mal im Leben »nach Hause« zu kommen, dort zu sein, wo man wirklich hingehört. Jede Phase des Pfades hat seine Berechtigung, »unter der Sonne gibt es für alles eine Zeit«.

Ich erinnere mich noch an die Intensität meines eigenen Erwachens, an die Welt, die plötzlich in einem sonst verborgenen Licht funkelte, an die Freude und das Wunder des Ganzen. Ich erinnere mich an meine ersten Erfahrungen in der Meditation, an meine ersten Begegnungen mit einer inneren Welt jenseits des Verstandes. Mir war etwas gegeben worden, wonach ich mich schon immer gesehnt, aber von dem ich nichts gewusst hatte. Mir war eine Kostprobe von dem gegeben worden, was wirklich ist, inmitten einer Welt der Illusionen und Lügen. Der Wunsch nach Wahrheit hatte Feuer gefangen, und ich wusste, was ich wirklich wollte. Ich hatte kein Gefäß für diese verrückte Leidenschaft, die mich damals ergriff: Sie ließ mich fast wahnsinnig werden. Ich fastete weit mehr, als es meinem Körper zuträglich war. Aber ich war zum ersten Mal völlig lebendig.

Hoffentlich findet man einen Lehrer oder einen Pfad, damit man mit der Arbeit beginnen kann, ein Gefäß zu bilden und das Feuer in die richtige Richtung zu kanalisieren, um ein ausgeglichenes Leben zu führen. Für mich dauerte es noch drei Jahre, bis ich zu dem Pfad fand, der mich nach Hause nahm, und ich kam dort alles andere als ausgeglichen hin, nur noch vom Willen und meiner Entschlossenheit zusammengehalten, mager, hungrig und meine Füße kaum auf dem Boden. Aber wir bekommen alle die Erfahrungen, die wir brauchen, und ich bedauere nicht die Verrücktheit dieser ersten Jahre, auch wenn ich inzwischen weiß, dass viel von meiner Energie fehl ging und die meisten meiner Handlungen unangemessen waren. Ich weiß noch genau, wie ich von Schalen mit braunem Reis lebte und tagelang mit leerem Geist auf eine Wand starrte in der Hoffnung, in einem höheren Bewusstsein aufzutauchen. Ich erinnere mich auch an die blau gestrichene Wand in dem Zimmer, wo ich saß, aber sonst an kaum etwas. Ich musste einsehen, dass man seinen Körper nicht in die Vollkommenheit fasten oder die Wirklichkeit mit Willenskraft erreichen kann.

Eine der Gefahren der ersten Jahre sind die spirituellen Illusionen. Uns hat eine Sehnsucht ergriffen, ein zutiefster Hunger nach etwas, für das wir keinen Namen haben und das wir nicht kennen. Für einen Moment lang sind wir in einer Realität erwacht, die wenig Entsprechung in unserem äußeren Leben oder in den Gedankenmustern unseres Inneren findet. Wir haben keinen Kontext für das, was da gerade geschieht, und so schaffen wir uns verständlicherweise Bilder und Erwartungen vom Pfad. Von dem Moment an, als ich das Licht in den Augen meiner Lehrerin sah, wollte ich in dem Raum jenseits der Begrenzungen dieser Welt sein, die ich zunehmend als befremdlich und voller Probleme erlebte. Ich stellte mir vor, dass spirituelles Leben bedeutete, in dieser formlosen Dimension der Gegenwärtigkeit und Liebe zu leben. Ich hatte keine Ahnung, wie sehr mich der Pfad in diese Welt der Begrenzungen zurückpressen würde und wie Familienleben und anderen zu dienen meine größten Lehrer werden sollten.

Viele Sucher sitzen zu Beginn der Reise der Illusion auf, sie könnten der Alltagswirklichkeit entfliehen. Eine Freundin beschreibt das so: »Ich dachte, ich würde aus dem Leben herausgenommen, das normale äußere Leben würde sich irgendwie auflösen und ich müsste nicht für das Leben verantwortlich sein. Ich dachte, ich würde mich in der Liebe verlieren und nicht mehr als ›getrenntes‹ Individuum existieren, glaubte, dass mich die Liebe immer fortreißen würde. Ich dachte, ich würde tiefer und tiefer in die Zustände von Liebe und Glückseligkeit genommen. Meinte, es wäre, wie wenn wir in der Meditation immer tiefer kommen. Ich habe wirklich nie gedacht, dass ich je ins alltägliche Leben oder in das normale Bewusstsein zurückkehren müsste.«

Eine andere Freundin glaubte, dass ihre Probleme aufhören, dass sie dahinschwinden würden oder sie sich über sie erheben und in einer anderen Wirklichkeit leben könnte. Andere Sucher erschaffen sich die Illusion, sie würden besonderes spirituelles Wissen oder sogar spirituelle Kräfte erlangen. Die Aussicht, die »Erleuchtung« zu erreichen, ist ein weit verbreiteter Irrglaube, wobei die grundlegende Wahrheit außer Acht gelassen wird, dass das Ego keine höheren Erfahrungen macht und dass es in der Dimension des wahren SELBST kein »Ich« gibt, das irgendetwas erfahren könnte. Wir benutzen so viele Illusionen, so viele Bilder vom Pfad als Möglichkeit, vor dem Leben und vor uns selbst davonzulaufen. Doch ein wahrer Pfad führt uns zu uns selbst zurück und ins Leben. Wenn wir nicht zu uns selbst zurückkehren, kann die wichtige erdende psychologische Arbeit – die Konfrontation mit unserer Dunkelheit, die Arbeit an unserem Schatten und anderen inneren Dynamiken –, die beiträgt, das Gefäß einer stabilen Psyche zu bilden, nie wirklich getan werden.

Indem wir an uns selbst arbeiten, sehen wir allmählich, dass viele der anfänglichen Illusionen auf dem Pfad mit unserer Erfahrung des Ego als alleinigem Handelnden in unserem Leben zusammenhängen. Eine Freundin erkannte, dass ihre Illusionen »alle durch die offensichtliche Tatsache entstanden, dass eine ›Person‹ zum Pfad kommt und sich dadurch alles, was ich anfangs erwartete, auf das Persönliche bezog. Zum Beispiel glaubte ich, ›ich oder das persönliche Selbst‹ sei die ganze Zeit verliebt. Mir war nicht klar, dass Liebe einfach *ist.* Dass sie nicht wirklich etwas mit ›mir‹ zu tun hat, sondern einfach nur existiert.«

Wie ich schon erwähnt habe, ist alles, was wir zu Beginn kennen, unser »Ich«, und so stellen wir uns den Pfad und seine Erfahrungen durch die Augen des Ego vor, mit all seinen Sehnsüchten und Bildern von Erfüllung. Auch wenn wir gelesen haben oder uns gesagt worden ist, dass das Ego »gehen muss«, dass der Pfad ein Prozess der Vernichtung ist, können wir uns doch keinen Zustand ausmalen, in dem das »Ich« nicht im Zentrum ist. Wenn wir an das wahre SELBST denken, stellen wir uns stattdessen ein spiritualisiertes Ego vor. Wir sind selten auf die

Einfachheit von dem vorbereitet, was *ist*. Das SELBST hat zwar eine kosmische Dimension, doch es ist auch die normalste, einfachste Essenz, eine Qualität des Seins, die in allem enthalten ist. Diese essenzielle Einfachheit des SELBST zu leben, ist eine der wirklichen Prüfungen auf dem Pfad.

Während sich einige Illusionen auf den inneren Zustand richten, zeugen andere von dem Wunsch, etwas im Außen zu manifestieren, zum Beispiel Heiler zu werden oder sogar spiritueller Lehrer, einen »Schicksalsweg« zu haben, der, wie wir glauben, unsere einzigartige spirituelle Natur widerspiegelt. Manche Reisende werden vielleicht auf solche Wege berufen, doch der Wunsch danach ist meist nur eine neue Art, das Ego zu befriedigen, wobei sich das Ego einer reinen Energie oder Absicht bemächtigt und sie für seine eigenen Zwecke benutzt. Das Ego liebt es, sich als etwas Besonderes zu zeigen, sich zum Hauptdarsteller auf jeder Bühne zu machen. Es mag desillusionierend sein zu erkennen, dass das SELBST meist keine bestimmte äußere Form oder Rolle zum Manifestieren braucht, dass es vielmehr ein Seinszustand ist und nicht eine »manifestierte Bestimmung«.

Oft sind die Illusionen auf dem Pfad ein Vermeiden der wahren Verantwortung für unser Leben und unser Handeln. Sie sind eine perfekte Entschuldigung für jemand, der sich nicht auf den Alltag mit seinen Schwierigkeiten und Anforderungen einlassen will. Die patriarchalische Spiritualität mag die transzendente Natur des SELBST betont haben, aber das SELBST ist auch ein dem Leben innewohnender Teil, und es kann nur voll inkarniert werden, wenn wir die volle Verantwortung für das Leben, wie es ist, übernehmen. Man kann das wahre SELBST nur erkennen, indem man sein Leben und sein Schicksal voll annimmt. Mit den Worten des Sufi-Meisters Abū Sa'id ibn Abī-l-Khayr: »Was immer dein Los ist, stell dich ihm!«

Schließlich führt uns der Pfad zu einem Ort, wo sich das Ego ergibt und das SELBST der Lenker wird. Dann bekommt das Leben die Qualität eines leeren Blatt Papiers, leer für wahres spirituelles Dienen. Doch bis wir zu dieser Stufe gelangen, haben wir volle Verantwortung für unser Leben und für unser Ego mit seinen Bedürfnissen und Forderungen übernommen. Wir sind reife, erwachsene Reisende geworden, die den Pfad nicht benutzen, um sich um die Schwierigkeiten des Lebens herumzudrücken. Wir haben den Wert des gesunden Menschenverstands schätzen gelernt und gelernt, in beiden Welten zu leben. Und wir haben dem Ego gegenüber mit seinen trickreichen Mitteln der Selbsttäuschung eine ständige Wachsamkeit entwickelt.

GANZ NORMALES LEBEN

Die geläufigste und hartnäckigste Illusion ist wohl die, dass das spirituelle Leben den Sucher aus dem normalen Leben herausnimmt. Doch der gewöhnliche Lebensalltag wird immer Bestandteil bleiben. Tatsächlich werden wir immer mehr in das Normale, Alltägliche hineingebracht. Wir »hacken Holz und holen Wasser«.

Häufig ist es die Weltlichkeit des Pfades, auf die wir am wenigsten vorbereitet sind. Nachdem wir eine Kostprobe der Leidenschaft unserer Seele bekommen haben, die so »anders« ist als unsere übliche Erfahrung, neigen wir zu der Hoffnung, dass sich die Banalität des Lebens in der Erregung und Ekstase der inneren Reise auflöst. Wir malen uns vielleicht ein spirituelles Leben voller dramatischer Herausforderungen und spiritueller Zustände aus. Doch das ist nichts weiter als wieder das Ego, das die Erfahrung für sich vereinnahmt. Nur ein einfacher Wanderer auf einem staubigen Pfad nach Hause zu sein, bringt nicht so viel Befriedigung.

Die wahre Einzigartigkeit unseres Wesens zeigt sich uns meist als äußerst einfach und selbstverständlich, wie eine Freundin ihre Erfahrung beschreibt: »Ich bin immer geschockt darüber, wie normal die Dinge sind, wie ich immer mehr *hierher* ins Normale komme. Ich habe wirklich erwartet, dass die Dinge außergewöhnlich würden.« Eine andere Freundin, die zu meiner Lehrerin gekommen war, dachte, sie würde ein einfaches meditatives Leben führen. Doch sie fand sich bald als Lehrerin an einer städtischen Volksschule wieder, wo dreißig Kinder in einer Klasse den ganzen Tag ihre Aufmerksamkeit forderten. Damit hatte sie nun überhaupt nicht gerechnet!

Oft ist das Anhaften an die »Außergewöhnlichkeit« des spirituellen Lebens nur eine andere Methode, uns vor dem Leben oder vor uns selbst zu schützen, so wie uns eine romantische Phantasie vor den Verletzungen und Anforderungen einer echten Partnerschaft schützen soll. Wirkliche Liebe macht uns nackt und verletzlich, sobald die uns schützenden Muster aufgelöst oder ausgebrannt worden sind. Anders als bei den meisten Illusionen geht es bei der wahren Natur des Pfades darum, leerer zu werden, eher weniger zu haben als mehr. Während Illusionen das Ego häufig mit Bildern der eigenen Besonderheit aufblähen, werden wir auf dem wirklichen Pfad normal und einfach.

Wenn wir in dem Gefühl sind, wir leben die Leidenschaft der Seele und werden von der Liebe zerrissen, können wir es leicht für unwichtig halten, unsere Rechnungen zu bezahlen und uns um menschliche Bedürfnisse und Verantwortlichkeiten zu kümmern. Wir gehen dann vielleicht durchs Leben ohne groß darauf zu achten, wie wir andere und auch uns selbst behandeln. Aber ohne festen Grund im Alltäglichen, ohne dass wir gelernt haben, wie man mit der nötigen Aufmerksamkeit und

Achtung mit dem Leben in Beziehung tritt – Fürsorge und liebevolle Güte für alles um uns herum –, können wir die Energie der Seele hier nicht vollständig einbringen.

Richten wir unser Augenmerk auf das normale Leben, erdet das die Energie des Pfades, und es wird schwerer für das Ego, spirituelle Phantasien zu kreieren. In der Sufi-Tradition wurden deshalb einem jungen Mann, wenn er zum ersten Mal zu einer *tekke* oder *khānqāh* (türkisch oder persisch für Sufi-Zentrum oder Herberge) kam, die weltlichsten und erniedrigendsten Arbeiten zugewiesen, wie zum Beispiel das Säubern der Latrinen oder das Fegen des Hofes. Während der ersten Jahre gab man ihm womöglich überhaupt keine spirituellen Übungen, sondern nur einfache Aufgaben des Dienens.

Es ist wichtig, nicht die normale Dimension unserer Erfahrung zurückzuweisen, denn die Natur der Seele ist normal und einfach und drückt sich häufig in dem aus, was am simpelsten ist. Die Seele ist eine Qualität des Seins, in der die Dinge nur *sind*. Hier *ist* Friede, *ist* Liebe, auch machtvolle Kraft *ist* einfach nur. Wir werden nie diese Eigenschaften der Seele erkennen, geschweige sie leben, wenn wir unserem Wunsch nachgeben, dem Gewöhnlichen, dem Normalen zu entrinnen und unnötige Dramen und Phantasien erzeugen. Zen-Haikus geben oft diese Einfachheit wieder. Der Tau auf dem Gras ist im Augenblick da – ohne jegliches Drama. Der Herbst-Vollmond, der sich auf dem Wasser spiegelt, ist einerseits einfach und andererseits so unergründlich. Das Gefäß, das wir auf dem Pfad heranbilden, ist eine reife Beziehung zum Leben. Wir werden nie in der Lage sein, das Paradox, wie das Gewöhnliche und das Außergewöhnliche zusammenkommen, zu leben, wenn wir nicht willens sind, das Leben anzunehmen, wie es ist.

Die wahre Arbeit besteht darin, uns selbst treu zu bleiben inmitten all der Anforderungen des Alltags und die innere Aufmerksamkeit zu halten, und sei es nur für fünf Minuten am Tag, wenn noch so viele Ablenkungen da sind. Das Gott-Erinnern findet nicht mehr in der Abgeschiedenheit statt, sondern im Büro und im Supermarkt. Der Pfad mag das Gegenteil von dem sein, was wir erwarten; er mag paradox sein, verwirrend und im Gegensatz zu unserer Konditionierung stehen, doch er muss in dieser Welt gelebt werden, muss Teil des Alltags sein.

Auf dieser besonderen Stufe der Evolution der Menschheit kommt der Normalität des Lebens eine neue Bedeutung zu. In der jetzt anbrechenden Ära wird das Leben die Numinosität der Seele auf eine neue Weise widerspiegeln können. Doch um dem Leben die Möglichkeit zu geben, die Fülle und die ewige Natur der Seele zu reflektieren, müssen wir sowohl persönliche wie auch kollektive Muster ablegen, die uns vom Normalen, vom Alltäglichen, entfernen. Es ist notwendig, dass wir lernen, zwischen einer Disneyland-Phantasie vom spirituellen Leben voller Achterbahnfahrten und Zuckerwatte und der wahren Weise, wie das Göttliche in der Welt um uns herum gegenwärtig ist, zu unterscheiden.

VON DER UNSCHULD ZUR ERFAHRUNG

Jetzt, wo das Leben uns ruft, spirituell an seiner Entfaltung mitzuwirken, ist es entscheidend, dass wir uns nicht in weiteren Illusionen verfangen. Wir sind weder Helden noch Heilige. Wir sind nicht hier, die Welt zu retten, sondern uns schöpferisch für das Leben, *wie es ist*, zu engagieren. Dazu gehört auch, für die Erde zu beten wie für einen kranken Elternteil oder eine Geliebte. Illusionen verdecken nur unser Licht, verzerren unsere Wahrnehmung und geben dem Ego und seinem Lied von der Trennung eine Stimme. Es erfordert wahre Reife, der Welt ins Gesicht zu schauen, wie sie heute ist, mit klarem Blick und Mitgefühl. Wir müssen die Dunkelheit unserer gegenwärtigen Zeit und ihre Auswirkungen auf unsere geliebte Erde sehen und auch erkennen, wie diese Dunkelheit in unsere Seelen einsickert. Wir fühlen den Schmerz darüber, wie wir den Boden, das Wasser und die Luft verschmutzen, und über den Verlust unzähliger Arten und den Kahlschlag der Wälder. Und inmitten dieser sich verdunkelnden Welt müssen wir unserem eigenen Licht und unserer Liebe für die Erde treu bleiben.

Mitte der sechziger Jahre begann die Revolution der Liebe mit einem Funken der Liebe und Einheit. Wir waren alle Kinder, die von einer Zukunft anders als die graue Welt des Materialismus träumten. Wir sangen und tanzten, liebten und meditierten und hießen eine neue Ära mit einer Unschuld willkommen, die in dem brutalen Licht der Realität zusammenbrechen musste. Ja, die Samen der Einheit der Liebe waren gesät, aber wie jeder junge Liebende waren wir voller Illusionen, und obwohl einige Samen zu Umweltbewusstsein, spirituellen Gemeinschaften und holistischer Medizin heranwuchsen, fehlten uns in der Hauptsache die Reife und die Weisheit, wie diese Samen über die Jahrzehnte bewässert und gehegt werden mussten.

Die Ablenkungen der Welt beanspruchten die Aufmerksamkeit vieler von uns – die zehntausend Dinge, die bald zu Millionen von Dingen wurden. Wie schon gesagt, wurden viele Praktiken verfälscht und spirituelle Lehrer korrupt. Das Licht war nicht verloren, nur zugedeckt, und die Samen blieben in der Mehrzahl im Untergrund. Und jetzt sehen wir uns einer Zukunft gegenüber, die viel düsterer ist, als wir uns das hätten vorstellen können. Wenn wir die sich immer mehr polarisierende Welt um uns herum wahrnehmen, den Schmerz der Erde erleben, die uns trägt, erscheint uns die Straße der Rückkehr zur Liebe und Einheit und zum Wunder hart und steinig.

Aber das ist traditionell die Weise, wie sich die Reise entfaltet. In der Gralssage vom verwundeten Fischer-König ist es ein wundersames, unerwartetes, unverdientes Geschenk, als sich der naive und unschuldige Parzival in der Gralsburg wiederfindet. Doch dann verschwindet sie, und er muss für Jahre auf den einsamen und beschwerlichen Pfaden der Welt wandern und allerhand Aufgaben und Prüfungen bestehen, bevor die Gralsburg wiederkehrt. Inzwischen war er reif und erfahren genug, um im Gral zu bleiben und die Arbeit zu tun, die nötig war, nämlich den König zu heilen.

Und jetzt, ein halbes Jahrhundert nach jenem Liebeslied, sind wir da reif genug, unsere wirkliche Arbeit zu tun, unser Licht in das Leben zu bringen und unser Herz für die Heilung der Erde zu öffnen? Sind wir ausreichend in dem Bewusstsein der Einheit gegründet und in unserem Wunsch, die ursprüngliche Einheit der ganzen Schöpfung zu leben? Sind wir tauglich, den Herausforderungen zu begegnen, oder werden wir nur eine weitere Illusion erschaffen, einen weiteren Traum, um der Welt zu entkommen, deren Wunden wir nicht wirklich anzuschauen wagen?

GEDULD UND DIE MUSTER DES WANDELS

Nachdem wir uns mit den Illusionen unserer individuellen Reise auseinandergesetzt und uns mit unserer eigenen Dunkelheit konfrontiert haben, suchen wir hoffentlich nicht mehr nach einem Weg, entweder uns selber oder dem normalen Alltag zu entkommen. Wir haben zu einer fundierten Einfachheit gefunden, die Liebe und Fürsorge für andere einschließt. Unschuld ist zu Erfahrung gereift, und wir sind bereit, einen wirklichen Beitrag zum Leben zu leisten, die Samen der Liebe zu nähren und daran zu arbeiten, unsere verwundete Erde zu heilen.

Und auf unserer Reise sollten wir Eigenschaften entwickelt haben, die uns helfen, wie Mitgefühl und Herzensgüte gegenüber anderen, ein Gefühl für das Heilige, ein klareres inneres Licht, das uns leitet. Gesunder Menschenverstand und Sinn für Humor halten uns im Gleichgewicht und Rechtschaffenheit bewahrt uns davor, in die derzeitige Toxizität der Welt hineingezogen zu werden. Und besonders wichtig für dieses Stadium unserer Arbeit sind Ausdauer und Geduld.

Eine der Gründe, warum wir auf unserer inneren Reise Geduld lernen müssen, liegt darin, dass wir mit den Rhythmen der Seele arbeiten und nicht mit dem Zeitmaßstab des Ego. Rūmī drückt das mit so schöner Einfachheit aus:

> Die Liebe, der neue Mond, sie wachsen Phase um Phase;
> So sollten auch wir voranschreiten,
> absichtsvoll und mit Geduld …
> Gott hat seinen Lehm in langsamen,
> vollkommenen Stufen vollendet.
> Nicht wie du, du Narr,
> der immer alles vorwärtstreiben will.[1]

Die inneren Prozesse der Seele entwickeln sich langsam, reifen wie Wein. Sie gehören der ewigen Dimension unserer selbst an, nicht dem hektischen, stressigen Getriebe unserer Tage. Im Sufismus braucht die Reise über die Etappen des Pfades zwanzig bis dreißig Jahre, wenn man aufmerksam ist und sich völlig eingelassen hat. Und die Evolution der Seele der Welt gehört zu den Rhythmen der Jahrtausende, wobei jede Ära der Menschheit zweitausend Jahre dauert. Da unsere gegenwärtige Zeit in Sekundenschritten vorwärts zu eilen scheint, haben wir den

Kontakt mit dem größeren Lauf der Zeit, mit dem Ablauf der Lebensabschnitte verloren und haben kein Wissen über die kosmische Zeit. Das war noch ganz anders in der Kultur der Maya, deren Long Count-Kalender – der am 21. Dezember 2012 endete und medial aufgebauscht und falsch verstanden wurde – eine galaktische Neuausrichtung reflektiert, die sich vielleicht erst nach Jahrhunderten auf unser Bewusstsein auswirken wird.

Wollen wir mit diesen Jahreszeiten des Heiligen zusammenarbeiten, müssen wir lernen zu warten – aufmerksam, beobachtend und zutiefst geduldig. Die indigenen Traditionen wussten darum; so heißt es in der Weisheit der Irokesen, dass die Entscheidungen, die jetzt getroffen werden, noch für sieben Generationen in die Zukunft nachhaltig sein müssen. Ja, wir befinden uns in einer Zeit tiefreichender Veränderung, aber es ist ein Umbruch, der sich schon jahrhundertelang herausgebildet hat. Man kann sagen, dass unsere Krise des Klimawandels bereits mit der industriellen Revolution und dem industriellen Kohleabbau in großem Umfang begann.[2]

So ist zwar der Wechsel in eine Geschichte der Einheit, des Verwobenseins, wohl in dem Sommer der Liebe initiiert worden, doch die Ursprünge lassen sich bis zur brutalen Unterdrückung des Heidentums und der erdverbundenen Spiritualität durch das frühe Christentum zurückverfolgen[3]. Denn wie lange konnten wir unsere Beziehung zur heiligen Natur der Schöpfung noch leugnen? Unser jetziges starkes Bedürfnis, uns wieder mit dem Heiligen in der Erde und in unseren Körpern zu verbinden, reicht also mehr als tausend Jahre zurück.

Und jetzt, wo wir sehen, dass die Erde stirbt, besteht große Dringlichkeit. Die Klimaveränderung steuert auf die zwei Grad und mehr Erwärmung hin und führt damit in eine Katastrophe. Aber jene, die »über die Welt und für die Welt wachen«, wissen, dass es wichtig ist, auf die größeren Rhythmen der Seele der

Welt und ihren Mustern der Evolution ausgerichtet zu sein. So wie wir gelernt haben, uns nicht in den Illusionen unserer heutigen Zeit zu verfangen, so müssen wir auch reif genug durch unsere Praxis sein, damit wir nicht in Panik geraten. Wir arbeiten mit einem Wandel, der sich über Jahrtausende erstreckt und nicht forciert werden kann. Ja, in unserer ökologischen Krise »läuten die Glocken der Achtsamkeit«, wie Thich Nhat Hanh sagt, und rasches Handeln ist in vielen Bereichen absolut notwendig – zum Beispiel die Verringerung des CO_2-Ausstoßes, die gewaltige Reduzierung unseres Plastikverbrauchs –, aber ihr Klang sollte uns auch an die Gefahren eines Mangels an wirklicher Aufmerksamkeit erinnern. Es gibt keinen »Quick-Fix«, keine schnelle Lösung; was es braucht, ist eine tiefe Wiederherstellung des Gleichgewichts. Sonst vermeiden wir wie bei unseren Versuchen, die Ökonomie »zu begrünen«, die tiefer liegenden Muster im Spiel und fahren mit unseren Phantasien für eine Zukunft fort, die wir dann nur in anderer Form ausbeuten – mit einem anderen Tanz der Trennung. Und die Zukunft verdunkelt sich dann weiter.

Spirituelle Reife bedeutet, im Augenblick zu leben, achtsam, bewusst, ohne sich in unverzügliche Maßnahmen und Gegenmaßnahmen zu verwickeln, was heutzutage unsere Welt mit ihrer kurzen Aufmerksamkeitsspanne und ständigen neuen Trends zu bestimmen scheint. Wir sind geschult, auf das wahre Bedürfnis des Augenblicks zu antworten, während wir aufmerksam für das sind, was unter der Oberfläche geschieht.

Als ich ein Buch mit Essays zusammenstellte, in dem ich die derzeitige innere Landschaft beschrieb, gab ich ihm den Titel: *Darkening of the Light*[4] und wollte mich damit nicht nur auf den gegenwärtigen Verlust des Lichts des Heiligen beziehen, sondern auch auf das Hexagramm 36 des *I Ging* oder *Buch der Wandlungen*:

Das Licht ist in die Erde hineingesunken:
Das Bild der Verfinsterung des Lichts.

Die daoistischen Meister wussten um die Muster des Wandels, um die dem Leben zugrunde liegenden Ströme, und diese Muster sind es, dieser Fluss des Lebens, die unsere Fürsorge und Aufmerksamkeit brauchen. Hier ist es, wo die Zukunft in die Form kommt. Alarmglocken mögen zwar läuten, aber wenn wir nicht arbeiten, um dem Leben von tief innen bei der Wandlung zu helfen, kann nichts Neues geboren werden.

Jetzt starren wir aufs Meer erstaunt,
ein fremder wundersamer Vogel nach uns kreischt.

W.B. Yeats[1]

3

KOLLIDIERENDE KRÄFTE

DIE BRUCHLINIE

Kollektiv bewegen wir uns entlang einer Bruchlinie. Unter unseren Füßen baut sich hoher Druck auf, von Urkräften aus der Tiefe, die sich schon seit Jahrhunderten regen. Wir fühlen Spannungen in der Atmosphäre um uns herum, erleben die Bedrohung des Ökosystems, Terrorismus und immer mehr Konflikte. Doch tief im Untergrund bilden sich größere Kräfte heran, Kräfte, die zur Zukunft gehören und nicht zur Gegenwart. Meist gehen wir recht unwissend durch die Gegend, spüren zwar etwas, haben aber wenig Kenntnis von diesen gewaltigen Kräften, die unser kollektives Schicksal formen.

Die Bruchlinie, auf der wir gehen, ist der Ort, wo zwei Zeitalter aufeinandertreffen. Ist eine Ära zu Ende und eine andere bricht an, kollidieren Kräfte einer ganz anderen Größenordnung. Da sich diese Energien so langsam bewegen und sich über Jahrhunderte konstellieren, erkennen wir nicht den enormen Umfang dessen, was da stattfindet.

Ein physikalisches Erdbeben entsteht, wenn zwei tektonische Platten zusammenstoßen. Die Bruchlinie ist dort, wo die Platten aufeinandertreffen und der Druck hervorbricht und sich seinen Weg durch die fragile Kruste der Erde bahnt, die bis dahin so unbeweglich schien. Ein anders geartetes Erdbeben kann kommen, wenn die Kräfte der inneren Welt durch die Oberflächenstrukturen unseres Lebens brechen. Die inneren Kräfte unseres individuellen und unseres kollektiven Unbewussten sind so mächtig und so verborgen wie die physikalischen Kräfte, die Kontinente hervorbringen. In unserer persönlichen Psyche können sie, ausgelöst durch ein Ereignis, das zu einer emotionalen oder einer seelischen Krise führt, in unser Bewusstsein hereinbrechen. Manchmal entladen sie sich in der kollektiven Psyche in Form von Kriegen und Migration und gestalten damit unser kollektives Schicksal. Sie können ungeheures Leid hervorrufen wie in den jüngsten Bürgerkriegen im Süd-Sudan und in Syrien oder Freiheit bringen wie beim plötzlichen Fall der Berliner Mauer und dem Ende des Kommunismus in Europa oder dem Arabischen Frühling – obwohl dieser leider in der Folge von der Regierungsseite blutig unterdrückt wurde und in Auseinandersetzungen endete, die zum sogenannten Arabischen Winter führten.

Was wird geschehen, wenn solch ein Erdbeben kommt? Wie werden wir reagieren? Wir wissen, dass unsere gegenwärtigen Verhaltensmuster unzureichend sind. Wir haben unsere Reaktionen auf die Störungen in dieser Welt erlebt: wie wir uns in unserer Angst zusammenziehen und uns an unseren Besitz klammern, um unsere »Lebensweise« zu bewahren, und wie wir unsere Angst auf »andere« projizieren.

Die globale Krise des Klimawandels und der ökologische Kollaps lösen trotz der enormen Auswirkungen bei vielen nur eine merkwürdige Apathie aus, ein kollektives Verdrängen. Sogar der Begriff »Nachhaltigkeit« bezieht sich inzwischen auf das Aufrechthalten unserer gegenwärtigen energieintensiven materialistischen Kultur statt auf eine wirkliche Nachhaltigkeit für alles Leben.

Was wird aber sein, wenn diese Erde, auf der wir stehen, auf der wir unser Leben aufgebaut haben, in Bewegung gerät? Werden wir dann angemessenere, fruchtbarere Wege finden, darauf zu reagieren? Viele sprechen von einer neuen Geschichte, einer neuen Ära globalen Bewusstseins. Aber nur wenige verstehen das Ausmaß und die Macht des sich vollziehenden Wandels. Meist bemerken wir nur die Oberflächenveränderungen – wachsende ökologische und politische Gespaltenheit, Furcht vor Terrorismus oder Flüchtlingen, das Streuen von Falschmeldungen. Doch dies alles sind nur Symptome von etwas Tieferem, so wie das veränderte Flugmuster von Vögeln vor einem Sturm.

Tatsächlich gibt es um uns herum wirkliche Zeichen, aber sie sind in einer Sprache geschrieben, die wir zumeist vergessen haben. Und wir können uns auch nicht mehr vorstellen, was sie uns sagen, weil die sich jetzt ereignenden Umbrüche so lange nicht eingetreten sind, dass wir keine Bilder mehr in unserem kollektiven Gedächtnis haben, außer Reste in den Mythen von der Zeit, als die Götter noch unter uns wandelten. Manchmal bekommen Dichter einen kurzen Einblick in die Wahrheit und nutzen ihre Kunst, die Zeichen zu übersetzen, wie Yeats es tat, als er schrieb:

> Kreisend und kreisend im sich weitenden Wirbel
> Kann der Falke den Falkner nicht hören;
> Alles zerfällt; die Mitte hält es nicht …
>
> Sicher steht eine Offenbarung an;
> Sicher steht jetzt das Zweite Kommen an …
> Bloß welches derbe Tier, ist reif die Zeit erst,
> Schlurft bethlehemwärts, um geboren zu werden?[2]

Yeats fühlte, dass etwas auseinanderfiel und etwas wartete, in die Welt zu kommen. Aber er hatte nur die Bilder der Vergangenheit, um seine Vision auszudrücken. Und die Vergangenheit ist nicht das, was gerade stattfindet. Was zerfällt ist das eigentliche Gefüge unserer Zivilisation, und was geboren werden soll, kommt aus dem Innersten der Schöpfung, aus einer neuen Dimension des Seins. Deshalb fällt es uns so schwer, die Zeichen zu lesen, die uns umgeben. Wir können den Druck fühlen, der zunimmt, merken die Bruchlinie in unserer materialistischen Kultur. Aber wir haben keine Ahnung von der wahren Intensität der Kraft, die sich unter der Oberfläche aufbaut, und kein Wissen von der Absicht dieser Kraft.

EINFACHE ANTWORTEN

Endet eine Ära und eine neue beginnt, wird Kraft erzeugt, damit die neue Ära geboren werden kann. Die Kraft ist notwendig, um Bilder und Strukturen der Vergangenheit aufzulösen, Altes zu zerstören und das Neue ins Leben zu bringen.

Kollektiv müssen wir uns von vielen Mustern und Gewohnheiten im Umgang mit allem lösen, wenn wir völlig neue Wege des Daseins und Zusammenlebens annehmen wollen. So müssen wir zum Beispiel unser an materiellen Wohlstand gekoppeltes Sicherheitsbedürfnis hinter uns lassen. Bindungen an Geld und materielle Güter werden einer tieferen Quelle von Sicherheit und Wohlergehen weichen müssen, wenn wir mit dem kommenden Wandel mitgehen wollen.

Unsere überholten Muster verlieren für uns bereits ihren Wert. Viele merken das und empfinden große Angst, wenn es um die Themen von Sicherheit und Kontrollverlust geht. Aber schauen wir genau hin, was der Ursprung dieser Angst ist? Erkennen wir die Veränderungen, die möglich sind? Lassen wir zu, dass das Alte zerfällt, damit sich das Neue offenbaren kann?

Trotz der tiefsitzenden Ängste in unserer Kultur vor wirtschaftlicher Instabilität, Terrorismus, Migrantenströmen und Klimawandel sind ihre Auslöser letztlich nicht die äußeren Ereignisse selbst. Wir haben Angst, wir könnten unsere Lebensweise verlieren, und in der Hinsicht haben wir Recht. Aber nicht, wie wir denken und wie wir reagieren. Ja, der Klimawandel ist real, aber tief in unserer Psyche spüren wir, dass etwas in unseren Grundfesten nicht mehr trägt. Das ist die eigentliche Ursache für unser kollektives Unbehagen, das wir auf äußere Einflüsse, äußere Kräfte projizieren, die uns zu bedrohen scheinen.

Es ist an der Zeit, genauer hinzuschauen, was tatsächlich passiert. Die Mystiker und spirituell Praktizierenden wussten schon immer, dass wir, wollen wir die Ursache eines Geschehens herausfinden, unsere Aufmerksamkeit nach innen wenden, die inneren Muster erkennen müssen. Wir achten auf die Hinweise in unseren Träumen, wir deuten die Bilder unserer Psyche, die unzensiert von unseren bewussten Konditionierungen sind. Indem Joseph die Träume von den sieben fetten und den sieben mageren Jahren interpretierte, wurde Ägypten vor einer Katastrophe bewahrt.

Und doch haben wir die Bilder des Inneren verworfen, sie in den Bereich der mythologischen Vergangenheit oder der Couch des Psychiaters verbannt. Stattdessen hören wir auf die Stimmen der äußeren Experten. Aber woher wissen wir bei so vielen Nachrichtensprechern, politischen und wirtschaftlichen Beratern und sogar spirituellen Lehrern, wem oder worauf wir vertrauen können? Und wissen wir überhaupt noch, wie man zuhört?

Schauen wir genau hin, können wir einen Faden erkennen, der alles miteinander verbindet – unsere Träume und die

Geschichten in den Nachrichten, das Belanglose, das Weltliche und das Großartige. Es gibt einen Faden, der unser kollektives Schicksal ist und sich in jeder und jedem von uns wie auch in der Welt um uns herum finden lässt.

Dieser Faden ist so einfach und so leicht zu übersehen. Er ist so gewöhnlich, dass wir daran vorbeilaufen. Er ist in unserer Hoffnung, in unserem Bedürfnis, geliebt zu werden, in der Wärme eines Händedrucks oder der Zärtlichkeit eines Kusses. Wir finden ihn im Mitgefühl, der elementarsten Verbindung zwischen uns Menschen, nicht in den Worten, die wir sagen, sondern in den Gefühlen, der eigentlichen Natur der Kommunikation. Er ist in der einfachen Tatsache, dass wir alle auf diesem Planeten zusammenleben. Es ist das ursprüngliche Wissen darum, dass wir eins sind.

NEUE VERBINDUNGEN

Da wir am Ende einer Ära leben, ist das Leben offensichtlich komplexer geworden. Das ist eines der Zeichen, wenn die Dinge am Auseinanderfallen sind. Wir suchen mit unseren computergenerierten Modellen nach komplexen Antworten auf unsere Probleme.

Die Zeichen der entstehenden neuen Kultur sind nicht komplex. Sie finden sich in Mustern, die vereinen, die Dinge zusammenbringen, statt zu zersplittern und in zahllose Teilchen zu zerlegen. Gefährlich wird es, wenn wir uns von dem, was uns angeboten wird, abwenden, sei es aus Unwissenheit oder Arroganz – wenn wir uns an unsere Modelle ständig zunehmender Komplexität klammern, statt die einfachen menschlichen Werte anzuerkennen, die zu unserem Dasein gehören.

Wir müssen unsere Kultur nicht retten oder schützen. Wir haben gar nicht die Macht, uns den Dynamiken des Wandels entgegen zu stellen, obgleich wir kollektiv viele Kräfte der Regression erleben. Auch müssen wir keine neue Kultur erschaffen. Wir haben weder die Energie noch das Wissen für ein solches Unterfangen.

Doch wir haben eine Verantwortung: hinzuhören, zu lieben, sich lieben zu lassen und sich dessen bewusst zu werden, was tatsächlich geschieht. Wir müssen akzeptieren, dass wir die Erde nicht retten können, so wie wir auch nicht die Kräfte des Verfalls besiegen können. Es ist genug gekämpft worden, und die Erde ist ein lebendes Wesen, das sich mit unserer Liebe und unserem Mitwirken selber heilen kann.

Was wir offenbar immer übersehen, ist das einfache Wunder, Mensch zu sein, was bedeutet, göttlich zu sein. Wir sind das Zusammenkommen zweier Welten, der Ort, wo Wunder geschehen und das Göttliche auf neue Weise lebendig werden kann. Wir sind das Licht am Ende des Tunnels. Wir sind die Wärme, die Fürsorge und das Mitgefühl, so wie wir auch die Wunden unserer Grausamkeit und unseres Zorns tragen.

Die kommende Veränderung ist so fundamental und bedeutet die Rückkehr zu dem, was einfach und essenziell und elementar für das Leben ist. Und doch ist es nicht leicht, das zu leben. Viele Kräfte drängen uns ins Äußerliche und in die Komplexität. Das sind die Kräfte, die uns unsere Freude nehmen und verlangen, dass wir härter und härter arbeiten. Sie treiben uns in Konflikte, die wir nicht brauchen, und versuchen ständig, die einfache Freude am Leben zu trüben, die Freude am Zusammensein und die Wertschätzung unserer Gemeinschaft. Fastfood und Mega-Movies faszinieren uns und kapern vielleicht kollektiv unsere Aufmerksamkeit, aber wir wissen in unserem Herzen, dass etwas Grundlegendes außer Acht gelassen wird.

Wir müssen nicht im Wohlstand versinken. Auch brauchen wir anderen nicht irgendwelche Anschauungen aufzuzwingen. Wir müssen nur erkennen, was wirklich ist, und das hier leben. Das Wirkliche hat die Energie und das Licht, uns von all den vielen aufgezwungenen Vorstellungen zu befreien. Lassen wir es zu, können dieses Licht und diese Energie uns sogar von dem Glauben an das Glück durch Konsum erlösen, der die Gier fördert, die unseren Planeten zerstört.

In der Einfachheit unserer menschlichen Werte – wie Liebe, Freude und Hoffnung, Fürsorge für uns und für die Erde – sind wir alle miteinander verbunden. Wir können diese jedoch nur entdecken, wenn wir zu dem einfachen Herzstück unseres Daseins zurückkehren. Sonst werden wir auseinanderfallen – gemeinsam mit einer Welt, die ihre Mitte verloren hat, einer Welt, die an ihre Werbesprüche glaubt. Kehren wir zum Potenzial des Herzens zurück, werden wir sehen, was gerade ins Leben kommen will – wie sich ein Verbinden von Einzelnen, Gruppen und Gemeinschaften vollzieht, wie Muster der Beziehungen wachsen und wie die Lebensenergie durch diese Muster fließt. Wieder einmal erschafft sich die Menschheit neu, entwickelt eine neue Zivilisation inmitten der alten.

In unserer starren Ausrichtung auf Komplexität haben wir die Regel nicht beachtet, dass je vielfältiger etwas wird, sich seine Energie zunehmend zerstreut und fragmentiert. Die Menschen haben eine einzigartige Rolle als Mikrokosmos des Ganzen, was bedeutet, dass wir die gesamte Vielfalt der Schöpfung in der Einfachheit unserer essenziellen Natur beherbergen können. In dieser Einfachheit tragen wir die Einheit des Lebens, und wenn wir mit Liebe in Beziehung gehen, beziehen wir uns auf alles Leben.

Ist der Mensch nicht in die »zehntausend Dinge« zerstreut, ist er sehr machtvoll. Das ist unter anderem Zweck spiritueller Praxis: Indem wir zu unserer Essenz zurückkehren, werden wir fokussierter und fähiger, unsere Macht in Anspruch zu nehmen. Im einfachen Kern unseres Wesens tragen wir die Prägung des Göttlichen in all seiner wunderbaren Natur. Da »Gott eine einfache Essenz« ist, kann sich des Lebens Göttlichkeit in unserer Liebe, Freude und Hoffnung und anderen einfachen Qualitäten unmittelbar ausdrücken. Verbinden wir uns wieder mit diesen Eigenschaften, verbinden wir uns mit dem Göttlichen und der Macht des Göttlichen in uns. Indem wir diese Qualitäten leben, bringen wir das Göttliche in das Leben hinein. Diese Kraft oder Energie kann durch die Muster der Beziehungen fließen, die momentan am Entstehen sind, und so ins Leben gelangen. Auf diese einfache Weise kann sich das Leben selbst erneuern.

Die Zeichen dieser Erneuerung sind überall in der Art und Weise zu erkennen, wie Menschen zusammenkommen. Das Internet und die Sozialen Medien sind ein wichtiger Teil dieses Prozesses, weil sie Leute ungeachtet ihres Wohnorts, der Rasse und der Nationalität, des gesellschaftlichen Status oder der Lebenserfahrung verbinden. Die unterschiedlichsten Menschen in allen Teilen der Welt verlinken sich und bilden Netzwerke gemeinsamer Interessen. Trotz des dunklen Drangs, unsere persönlichen Daten zu sammeln, zu manipulieren und zu missbrauchen und Fake News zu verbreiten, sind doch viele dieser Netz-Gemeinschaften außerhalb jeder Kontrolle von Hierarchien und Regierungen. Sie gehören zum Leben selbst.

Neue und andersartige Muster der Verbindungen formen sich heraus. Wir müssen erst noch richtig erkennen, dass diese Muster der Beziehung, der Verbindung, so essenziell sind, dass sie eine wirkliche Antwort auf die Probleme und die Komplexität unserer Zeit darstellen. Sie dienen nicht einfach nur der Übermittlung von Informationen. Sie schaffen eine neue, sich rasch verändernde organische Verflechtung von Einzelnen und Gruppen. Etwas wird auf neue Weise lebendig.

Menschen knüpfen auf verschiedenen Ebenen Verbindungen. Wir vernetzen uns über globalen Handel, Reisen, Kommunikation, Konferenzen und andere Formen des Zusammenkommens. Im letzten Jahrhundert trug die Wanderung spiritueller Pfade und Traditionen vom Osten in den Westen auf tieferer Ebene dazu bei, eine globale Verbindung herzustellen, ein Verschmelzen von Ost und West, wodurch ein Licht geschaffen wurde, das »weder von Ost noch von West« ist.

Wir müssen jedoch noch begreifen, dass dies alles zum Organismus des Lebens gehört, das sich auf dem Bauplan der Einheit neu entwirft. Wir nehmen diese Veränderungen aus der Sicht der Individualität und der Fragmentierung wahr, die sich auf die einzelnen Teile konzentriert und noch in den komplexen Bildern einer Kultur im Niedergang gefangen ist. Das wirkliche Bild ist eine aufkeimende Ganzheit, die eine Lebenskraft in sich selbst ist. *Das Leben verbindet sich wieder neu, um sich zu erhalten und sich zu entwickeln.*

In diesen organischen und nichthierarchischen Mustern des Wiederverbindens fließt eine neue Lebenskraft. Diese Lebenskraft hat das Drängen, das notwendig ist, will sie in dieser Krisenzeit fortbestehen und sich verändern. Sie hat auch die Macht der Einheit und die Einfachheit, um Menschen zusammenzubringen. Ihr geht es um Teilen statt um Besitzansprüche und Eigeninteresse. Ihr geht es um die große Freude zu wissen, dass wir eins sind. Und sie trägt die Prägung der göttlichen Einheit, die stärker ist als jegliches Muster des Widerstands.

SICH AUF DEN STURM VORBEREITEN

In welchem Zusammenhang steht die Einfachheit der neuen Formen des Lebens zu den machtvollen unter der Oberfläche stattfindenden Verschiebungen, zu der Dimension der erdbebenartigen äußeren Umbrüche? Es gibt ein wunderbares Gleichgewicht in der Weise, wie die organischen Muster des Lebens die Veränderungen in der Tiefe ausbalancieren, wie das menschliche Leben auf der Oberfläche neue Formen hervorbringt, um die inneren Umschichtungen auszugleichen.

Diese sich herausbildenden Muster wechselseitiger Beziehungen haben auch einen praktischen Zweck. Sie schaffen ein Gefäß für die neue Energie, die ins Leben kommen will. Diese neue Lebenskraft dringt bereits durch feine Risse und Sprünge in der Fassade unserer Zivilisation. Sie erzeugt neue Ideen, schafft neue Weisen des Daseins.

Wenn jedoch neue Energie nicht in neue Formen fließen kann, konstelliert das in den alten Mustern der Dualität Konflikt, der sich in Terrorismus und Machtdynamiken der Unterdrückung äußert. Wir sind Zeugen von wachsender Polarisierung, von zunehmendem Stammes- und Nationaldenken und heftigen Auseinandersetzungen verschiedenster Gruppierungen, die alle darauf beharren, dass sie allein Recht haben. Soziale Medien, die uns zusammenbringen, dienen auch als Megafon für Streit und Feindseligkeiten. Tragischerweise wurden die Sozialen Medien, insbesondere Facebook, als Waffe benutzt, um systematisch Falschinformationen zu verbreiten, und dadurch die Verfolgung der Rohingya in Myanmar anzuheizen, was zur ethnischen Säuberung beitrug. Womit wir jetzt konfrontiert sind, ist das Auftauchen einer neuen archetypischen Energie, einer Energie, die Wunder vollbringen oder uns in noch tieferes Leid stürzen kann.

Die archetypische Welt ist eine Dimension undifferenzierter Urkraft. Sie kann große Zivilisationen schaffen, aber auch schreckliche Kriege. Ein Archetyp, der plötzlich ins Leben hereinbricht, kann zerstörerisch sein. Es hat im Lauf der Geschichte immer wieder Beispiele für solche Momente gegeben wie damals, als die wilde Kraft von Dschingis Khan und seiner Krieger die Zivilisation des Ostens vernichtete. Dschingis Khan konstellierte eine machtvolle archetypische Energie, die sich zu Anfang durch Gewalt und Verwüstung[3] ausdrückte. Doch es gibt immer Zeichen, die auf solche dynamischen Umbrüche hinweisen, Zeichen, die der Menschheit helfen, mit dem Fluss zu gehen und nicht mit Widerstand auf die Veränderungen zu reagieren. Viele Familien zogen so nach Westen, bevor die mongolischen Horden angriffen.

Gefährlich wird es, wenn wir die Zeichen nicht bemerken. Sind wir zu identifiziert mit dem alten Zustand und unserer Stellung oder Identität darin, werden wir die Chance verpassen, ein paar Sachen zusammenzupacken und weiterzuziehen. Es führt nur in die Katastrophe, sich einem auftauchenden Archetyp zu widersetzen. Ein paar Jahre oder Jahrzehnte mag es so aussehen, als könne man die Flutwelle noch aufhalten, sich an die alten Werte und Bilder von Sicherheit klammern, aber ein Leben, das auf dem Verleugnen der wirklich agierenden Kräfte basiert, wird häufig von einem Gefühl der Unwirklichkeit begleitet, wie das wohl in den letzten Tagen des untergehenden Römischen Reiches gewesen sein muss. Es wächst dann auch ein instinktives Unbehagen, eine grundlegende Unsicherheit, die keine noch so großen Schutzmaßnahmen zerstreuen können.

Viel von unserer gegenwärtigen Unsicherheit kommt von dem tiefen Wissen, dass unsere Regierungen und gesellschaftlichen Institutionen für eine Zukunft planen, die nie eintreten wird. Sie mögen von wirtschaftlicher Expansion und wachsendem Wohlstand reden, aber wir spüren, dass dies angesichts der hereinbrechenden Flut nur Sandburgen sind. Wir Menschen haben eine instinktive Weisheit, die viel tiefer ist als unser bewusster Verstand. Wir wissen, dass wir belogen werden, doch kollektiv fahren wir mit unserem Konsumverhalten fort, kennen noch keine neue Lebensweise – auch wenn unsere Träume auf eine andere Wirklichkeit hindeuten:

> »Ein großer Sturm zieht herauf, der Himmel verdunkelt sich, ein heftiger Wind zerreißt das Firmament unter Blitz und Donner. Ich frage mich, was da kommt. Sehe ich Leute auf einem Schiff, das im aufgewühlten Meer, diesem Sturm preisgegeben, hin und her geworfen wird?«

Viele haben derzeit Träume von Stürmen, Flutwellen und großen Verwüstungen, doch wenn wir uns das riesige Sortiment in den Einkaufszentren und Supermärkten anschauen, sehen wir keinen Grund für diese Angst. Was machen wir mit unserer Angst? Was machen wir mit dem Teil in uns, der sich der Möglichkeiten und Gefahren, die heraufziehen, bewusst wird?

Die einzige Antwort ist, mit unserem Alltag fortzufahren, weil es nichts gibt, wo wir hingehen, nichts, was wir tun könnten. In unserem Zeitalter der Globalität gibt es keinen »sicheren Ort«. Die kommende Veränderung trifft den ganzen Planeten.

Und doch können wir vorbereitet sein. Wir können darauf hinwirken, den Umbruch willkommen zu heißen. Es hat keinen Zweck, Vorräte anzuhäufen oder Selbstversorger zu werden. Das sind Schutzreaktionen, die den alten Mustern entspringen und diese nur zementieren. Stattdessen können wir Raum in uns entstehen lassen, damit das tiefe, instinktive Wissen, das zu unserer essenziellen Natur und zur Erde gehört, mit der wir verbunden sind, an die Oberfläche gelangen kann. Wir können auf unsere Träume achten und eine Zukunft begrüßen, die wir noch nicht kennen.

Mystiker sind darauf vorbereitet. Wir sind es gewohnt, am Rand dessen zu stehen, was bekannt ist, und das Unbekannte, das Unerkennbare willkommen zu heißen. Wir sind geschult, von einem Ort aus in uns zu reagieren, der tiefer ist als jede kulturelle Konditionierung – einem Ort aus, der Gott angehört. Wir versuchen, uns von keiner Form und keinem Glauben vereinnahmen zu lassen, und sind damit einverstanden, dass unsere Anhaftungen immer wieder von einer größeren Kraft, die von innen kommt, weggefegt werden. Und wir wissen, hinter jedem scheinbaren Unglück liegen die Liebe und die Fürsorge unseres Geliebten.

Diese Haltung ermöglicht es uns, an der Achse der Veränderung zu stehen, am Rand der Bruchlinie, wo wir der neuen Energie helfen können, ins Dasein zu kommen. Wir fürchten uns nicht vor Zerstörung, denn wir sind bereits von der Liebe zerstört worden. Wir sind an eine Kraft, an eine Macht gewöhnt, die über unser Verständnis hinausgeht. Und statt uns in äußeren Dramen und Aktionsmustern zu verstricken, haben wir gelernt, in der Gegenwärtigkeit und Stille zu ruhen.

In der Einfachheit unseres gewöhnlichen Selbst, in unserem gewöhnlichen Leben können wir durch Beten und Hingabe ein Gefäß herausbilden, das der Menschheit hilft, diesen Übergang zu schaffen. Verwurzelt in der Tiefe unseres Seins verbinden wir die inneren Welten mit der äußeren Welt, so dass die Energie leichter ins Äußere fließen kann. Und wir tun das nicht aus Angst heraus, die uns nur eng werden lassen würde, sondern aus Liebe und der Freude, dienen zu dürfen, und in dem Wissen, dass ein neuer Zyklus der Offenbarung anbricht, ein anderes Kapitel in der Geschichte der Welt aufgeschlagen wird.

KRÄFTE DER TRANSFORMATION

Es ist keine leere Phrase, dass wir in unsicheren Zeiten leben. Kräfte, die für Jahrtausende nicht in dieser Welt waren, sind jetzt da. Einige dieser Kräfte, die besonders auf Veränderung und Transformation ausgerichtet sind, sollen hier bei diesem Übergang helfen. Es sind Kräfte, Bewusstseinsfunken, die Ideen erzeugt haben, die hinter einigen der neuen revolutionären Technologien stehen wie das World Wide Web, das Smartphone und die Solarzellenpaneele. Weitere Technologien, neue Wege des Heilens, Ideen, die der kommenden Ära angehören, warten darauf, hervorgebracht zu werden. Dabei muss immer ausbalanciert werden, sie in die Welt zu bringen, ohne dass ihre wahre Absicht von der Dunkelheit der Gier und der weltlichen Macht verschlungen wird.

Andere Kräfte schaffen die Grundlagen des neuen Zeitalters, indem sie tief im Unbewussten wirken und archetypische und spirituelle Muster konstellieren, die das Fundament für die Werte und Vorstellungen der Zukunft formen und heilende und heilige Symbole für das kommende Zeitalter bilden. Andere Kräfte wiederum sind dazu bestimmt, Strukturen unserer gegenwärtigen hierarchischen und patriarchalen Kultur ins Wanken zu bringen. Auch wenn diese Kräfte notwendig sind, Vergangenes wegzuräumen, zeigen sie sich nicht so leicht als nützlich, bringen sie doch eine Energie von Chaos und Zerstörung mit sich. Und dann gibt es die Kräfte der Reaktion und des Widerstands, die zurzeit nur zu deutlich sind, Energien, die unserer Ausrichtung auf Liebe, Mitgefühl und Güte, unserer elementaren menschlichen Empathie, entgegenarbeiten.

Meist sind wir uns dieser Kräfte nicht bewusst. Wir fühlen ihre Auswirkungen, ohne um ihren wahren Ursprung zu wissen.

Wir spüren, dass sich etwas verändert, aber wir reagieren darauf meist aus unserer Angst und Unsicherheit heraus. Womöglich reagieren wir auch überschwänglich und verlieren in unserer Begeisterung unsere Mitte. Unser Höhenflug macht uns ineffektiv und verschlimmert nur alles.

Wir brauchen beides, gesunden Menschenverstand und eine gewisse Listigkeit, uns zu leiten. Die alten Griechen hatten ein Wort für diese Art der Listigkeit oder Schläue: *metis. Metis* war für die Seeleute äußerst wichtig, die ihren Weg durch unbekanntes Gewässer finden mussten, und auch für jene, die nach innen in die Unterwelt reisten. Die Vorväter unserer westlichen Kultur betrachteten *metis* als wichtiges Mittel, um den Weg durch das Unbekannte und die Dunkelheit zu finden und die Wahrheit in einer Welt der Täuschungen zu erkennen. Listigkeit gilt meist als eine negative Eigenschaft, als ein Mittel zu betrügen und betrogen zu werden. Doch eingekreist von all den heutigen Illusionen kann Listigkeit eine für uns hilfreiche Qualität sein, um nicht in ihnen unterzugehen.

Viele Illusionen werden an die Oberfläche kommen und fortgeweht werden. Eine der hartnäckigsten Illusionen ist die, dass wir die Welt retten können. Die Liebenden sind hier im Dienst des Geliebten. Wir wissen nicht, welche Arten überleben müssen, so wie wir nicht wissen, welche Arten entstehen werden. Wir wissen nicht, welcher Teil unserer Zivilisation zerstört werden muss und was gerettet werden sollte. Wir wissen nicht, was ein Überrest aus der Vergangenheit ist, was zu dieser Zeit des Übergangs gehört und was Teil der Zukunft ist. Wir kennen nicht den Zweck dieses Stadiums in unserer gemeinsamen Evolution. Es ist arrogant, anzunehmen, wir wüssten das.

Wir müssen uns eingestehen, dass etwas jenseits unserer Kontrolle geschieht. Eines der Eigenschaften unserer patriarchalen Kultur ist der Wunsch, unser Umfeld zu kontrollieren, und deshalb fürchten wir uns vor dem, was wir nicht kontrollieren können. Chaos versetzt uns in Schrecken, obwohl jeder, der eine wahre Transformation erfahren hat, weiß, dass Chaos eine notwendige Komponente von wahrer Kreativität ist. Ohne dieses Element von Chaos stagniert das Leben.

Inmitten dieser machtvollen Kräfte, die unser Leben neu konstellieren, erwachen kleinere Energien. Sie haben magische Qualitäten, und während einige hilfreich sind, treiben andere gern Schabernack und halten sich nicht an die Regeln des augenblicklichen Zustands. Sie geben einen Vorgeschmack auf die kommende Ära, wenn die magische Natur des Lebens wieder in Erscheinung tritt und viele der Barrieren, die die inneren und äußeren Welten trennen, wegfallen oder aufgelöst werden. Wir haben die magische Natur der Schöpfung vergessen oder negiert, aber allmählich werden die Scheuklappen, die uns von dieser Dimension des Lebens abschirmen, weggenommen. Wir werden merken, dass unsere rationale Wahrnehmung sehr ungeeignet ist, um alles zu erklären, was geschieht, und entdecken, dass wir Teil einer Welt des Unvorhergesehenen und des Unglaublichen sind. Unsere derzeitige Welt scheint so fest und so bestimmt, aber die Teilchenphysik hat gezeigt, dass sie Muster interagierender Energien ist, was die Schamanen schon lange wussten.

Auch wirken Kräfte auf uns, die einer anderen Dimension angehören. Sie stehen im Zusammenhang mit unserem Platz im Kosmos. Die evolutionäre Veränderung, die sich vollzieht, betrifft nicht nur isoliert unseren Planeten. Wir gehören zu einem gigantischen Muster interagierender Energien, das wir als unsere Galaxie bezeichnen. Sobald wir in das Bewusstsein der Einheit und der Verbundenheit allen Lebens hier in der Welt eintreten, wird unsere Betrachtungsweise den Kosmos als Ganzes umschließen.

Es lässt sich nicht sagen, wie sich diese kosmischen Kräfte auf uns auswirken werden, denn es ist viele Jahrtausende her, dass wir den direkten Einfluss solcher transformativen, evolutionären Energien erfahren haben. Aber es werden gerade Beziehungsmuster gebildet, die weit über unseren individuellen Planeten hinausreichen.

Zu leicht sehen wir nur die gegenwärtigen Oberflächenkonflikte, und es erfordert viel Arbeit, die Wunden unserer zersplitterten und missbrauchenden Kultur zu heilen. Aber leider ist unser kollektives Bewusstsein sehr begrenzt und nimmt nur einen kleinen Ausschnitt aus der immensen Weite wahr, in der wir tatsächlich leben. Es ist notwendig, ein Bewusstsein von dem zu halten, was unter der Oberfläche ist, die tieferen Kräfte im Spiel wahrzunehmen, auch wenn wir sie nicht so ganz verstehen. Denn diese Kräfte sind es und unsere Antwort auf sie, die unser kollektives Schicksal bestimmen. Wie schon erwähnt, haben sich diese Veränderungen, die wir jetzt zu erfahren beginnen, über Jahrhunderte aufgebaut – die ökologische Krise wie auch der innere Umbruch. Wir müssen Pioniere des Bewusstseins werden, die zwischen den Welten stehen können, und die Energien des Wandels willkommen heißen. Wir werden diese Veränderungen wohl nicht in unserem eigenen kurzen Leben erfahren, aber wir arbeiten für sieben und mehr Generationen.

Diese Arbeit ist für jene, die Sorge für die Welt tragen, für ihre Kinder und Enkelkinder und Seelen, die noch in die Empfängnis kommen – eine Aufgabe, die sich lohnt, ein wirklicher Beitrag. Viele Stürme mögen hereinbrechen, Wirbelstürme, die unsere physische Welt schütteln, wie auch innere Gewalt, die das Gewebe unserer Zivilisation zerreißen kann. All diejenigen, die der Liebe angehören, sind bereit, mit leichtem Gepäck zu reisen und durch die Ströme des Bekannten und des Unbekannten zu navigieren. Wie die Seefahrer, die nur die Sterne und *metis* hatten, um sie zu leiten, lernen wir die Zeichen in der Welt um uns herum und in unseren Träumen zu lesen. Wir werden durch unsere Praxis und unsere Präsenz Teil dieser Veränderungen. Auch bringen wir eine Qualität von Liebe und Bewusstsein zu diesen inneren Energien und helfen ihnen auf subtile Weise, sich zu Mustern zu formen, die zu der sich entfaltenden Einheit gehören.

Das mag wie ein Traum erscheinen, eine Fata Morgana in der Wüste der heutigen Ödnis. Aber manchmal ist alles, was wir noch haben, ein Traum, dem man folgt, ein Zeichen am Horizont, ein Wink im Herzen.

Das Auge ist das Licht des Leibes.
Wenn dein Auge lauter ist,
so wird dein ganzer Leib licht sein.

Matthäus 6:22

4

DIE BEZIEHUNG ZWISCHEN DEN WELTEN

DIE WELT DES LICHTS UND DIE WELT DER SCHÖPFUNG

Wir leben in einer multidimensionalen Wirklichkeit, bewohnt von Wesen vieler verschiedener Welten, die für unsere physischen Sinne unsichtbar sind. Angefangen bei den Naturgeistern – *Devas* und Elementarwesen, geformt von der Energie und dem Bewusstsein der Erde – bis zu den Geistführern und Engeln, aus reinem Licht geschaffen, sind wir von diesen Mitbewohnern umgeben. Einige Kulturen erkennen ihre Existenz an: Die Menschen in südostasiatischen Ländern bauen Geisterhäuser und heißen damit den Schutzgeist des Ortes willkommen. Und in Japan wird in der Shinto-Religion die Geisterwelt der *kami* verehrt, die Manifestationen von *musubi* sind, die verbindende Energie des Universums. Viele schamanische Traditionen arbeiten direkt mit der Elementarwelt, besonders zum Heilen. Jedoch hat im Laufe der letzten Jahrhunderte unsere westliche, von Wissenschaft und Vernunft dominierte Welt diese Tore der Wahrnehmung geschlossen und die Geisterwelt in den Bereich der Märchen und des Aberglaubens verbannt – obwohl das Christentum den Glauben an Engel weiterhin zuließ. Unser Sehen und Verstehen dieser inneren Welten ist ausradiert worden.

Kollektiv wissen wir nicht mehr, wie man mit ihren Bewohnern kommunizieren kann.

Die westliche Naturwissenschaft hat die physikalische Welt bis ins kleinste Teilchen erforscht, doch obwohl sie Atome als interagierende Energiefelder zu sehen vermag, leugnet sie die Existenz der inneren Welten und beharrt auf einem »Flache-Erde«-Bewusstsein. Trotz der Dichte unseres rationalen Denkens und seiner Muster der Ungläubigkeit umgeben uns die inneren Welten weiter, und es gibt Anzeichen, dass die Mauern zwischen den Welten durchlässiger werden. Wie ich in meinem Buch *Spirituelle Macht*[1] dargelegt habe, wird ein Teil der spirituellen Arbeit der Zukunft sein, mit diesen inneren Reichen in Verbindung zu treten und mit ihnen zusammenzuarbeiten, so wie Arzt und Schamane, Wissenschaftler und Mystiker zusammenfinden und gemeinsam ihr Wissen und ihre Erkenntnis weiterentwickeln sollten.

Außer den inneren Welten mit ihren Elementarwesen oder Engeln gibt es auch die inneren Welten unseres eigenen Bewusstseins. Da ist die Welt unserer persönlichen Psyche, die oft in Träumen oder Phobien an die Oberfläche kommt, wie auch die symbolische oder archetypische Welt unserer kollektiven Psyche, die sich über die Methode der aktiven oder kreativen Imagination[2] erforschen lässt. Und dann gibt es noch die Reiche des Lichts und der Liebe, die zur Seele oder dem SELBST (*atman*) gehören. Im Sufismus finden sich die Tore zu diesen inneren Reichen im Herzen und öffnen sich durch spirituelle Praxis. Es gibt verschiedene Grade göttlichen Lichts, größere Tiefen innerer Erfahrung, beschrieben von den Sufis als die *Kammern des Herzens*[3].

Im Westen hat sich in den letzten Jahren ein wachsendes Interesse am Wissen über Schamanismus und dessen Praxis herausgebildet, besonders in Hinsicht auf das Heilen und das

Wiederverbinden mit der Natur. Weniger ist über die Welten des Lichts bekannt und wie sie in Bezug auf unsere dichtere menschliche Natur wirken. Und obwohl uns spirituelle Praxis direkten Zugang zu unserer transzendenten Natur und den höheren Bewusstseinszentren geben kann, liegt zumeist der Fokus westlicher spiritueller Praxis, wie zum Beispiel Mindfulness, darauf, sich der Sinneswelt und unseres physischen und emotionalen Körpers gegenwärtig und bewusst zu werden. Wir glauben vielleicht an die Fürsprache der Engel, aber die exakte Wissenschaft vom Licht und vom Bewusstsein unserer eigenen höheren Natur wird nur selten verstanden.

Wir Menschen sind einzigartig in der Schöpfung, weil uns das Potenzial zur Verfügung steht, Zugang zu all den verschiedenen Ebenen der Wirklichkeit zu haben. Es gibt eine spirituelle Lehre, die sagt, dass die Seele auf ihrem Weg in die Inkarnation durch die verschiedenen Welten kommt und die verschiedenen Ebenen der Existenz erfährt, bevor sie in die physische Welt geboren wird. Später sind wir über unsere spirituelle Praxis in der Lage, wieder mit diesen inneren Reichen in Verbindung zu kommen. Schamanisches Reisen bringt uns vielleicht in die Welt der Elementarwesen und Geister. Oder Techniken wie luzides Träumen mit seinen astralen Projektionen kann uns außerkörperliche Erfahrungen der feinstofflichen oder der intermediären Reiche geben. Meditation ist jedoch die Praxis, die uns den unmittelbarsten Zugang zu den Reichen der Liebe und des Lichts ermöglicht, die unserer göttlichen Natur angehören – der Ebene der Seele. Wollen wir das spirituelle Potenzial in uns nicht nur für unsere eigene Entwicklung nutzen, sondern in Verbindung zum Ganzen, ist es hilfreich zu wissen, wie verschiedene Wirklichkeiten miteinander verbunden sind.

In meiner eigenen Tradition, dem Sufismus, geschieht die Arbeit vor allem mit dem Herzzentrum, das uns mit dem göttlichen Licht der Seele verbindet, und deshalb will ich auf unsere Beziehung zu dieser Wirklichkeit näher eingehen. Traditionell beschreibt der Sufismus den Unterschied zwischen der physischen Welt, der Welt der Instinkte, und den Reichen des Lichts. Die Welt des Lichts wird als die Welt des göttlichen Befehls bezeichnet (*'ālām-e amr*) und die Welt, die wir durch unsere Sinne und durch die Schleier des Ego erfahren, als die Welt der Schöpfung (*'ālām-e kalq*)[4].

Die Welt des göttlichen Befehls ist völlig anders als die Welt der Schöpfung. Die Welt der Schöpfung, die den vier Elementen angehört und hauptsächlich durch unsere physischen Sinne erfahren wird, zeigt sich von den Gesetzen von Ursache und Wirkung, Aktion und Reaktion bestimmt. Unsere Energiezentren, die mit der Welt der Schöpfung zusammenhängen, haben mit unserem Überlebensinstinkt und seinen Energien der Aggression und der Angst zu tun (Kampf oder Flucht), mit dem Sexualtrieb, der uns in das Drama der Begierden zieht, und dem Drang zu beherrschen, der zum Willen des Ego[5] gehört. Der Drang zu beherrschen steht auch in Zusammenhang mit persönlichen Bedürfnissen, mit Sich-Versorgen: mit Nahrung, Bekleidung und Obdach. Diese Welt sieht sehr vom Willen bestimmt aus, während Liebe – die mächtigste Energie in der Schöpfung – traurigerweise viel verborgener scheint. Allerdings wächst in letzter Zeit das Verständnis dafür, dass Zusammenarbeit statt Wettstreit eine viel erfolgreichere Kraft ist. Konflikt ist fast überall, doch Mitgefühl ist viel machtvoller, als man uns das glauben machen will.

In der Welt des göttlichen Befehls ist die Liebe die vorherrschende Kraft. In dieser inneren Welt gibt es wahre Harmonie und wahren Frieden, die zur Seele gehören. In ihrem Licht gibt es keine Schatten, aus denen Täuschungen entstehen können, kein Tanz trügerischen Scheins. Wir werden gesehen, wie wir wirklich sind, und alles wird in seiner wahren Natur erkannt – »Denn wir sehen jetzt durch einen Spiegel ein dunkles Bild; dann aber von Angesicht zu Angesicht. Jetzt erkenne ich stückweise, dann aber werde ich erkennen, wie ich erkannt bin.«[6]

Die Welt des göttlichen Befehls ist eine strahlende, sich unaufhörlich ausdehnende Dimension von Licht über Licht, ein immer tieferes Eintauchen in die göttliche Einheit, das zur völligen Auflösung des individuellen Bewusstseins in der verborgensten Wirklichkeit führt, die in der innersten Kammer des Herzens (*akhfā*) gefunden wird. Das ist die Wirklichkeit, die alle Schöpfung durchdringt, alle Existenz und Nicht-Existenz, und doch ist sie vor unserer Wahrnehmung und unserem Bewusstsein verhüllt. Sie ist die einfachste Essenz des Lebens und zugleich sein größtes Geheimnis.

Traditionell strebt der Reisende oder Pilger danach, zu der Welt des göttlichen Befehls zu erwachen und frei von den Fesseln der Welt der Schöpfung zu sein – vom Ego und seinen Wünschen in der Welt der Sinne, von den Dramen von Erfolg und Versagen und anderen Mustern der Dualität. Das Erwachen der spirituellen Zentren im Individuum und die Arbeit der Läuterung, die diesem Erwachen vorausgeht, sind Teil des Prozesses der Befreiung, der zur spirituellen Reise gehört. Diese Reise führt zur Transformation eines Menschen – weg vom Verhaftetsein mit der Welt der Sinne und von der Identifikation mit dem Ego zur Erfahrung der Vereinigung mit Gott und unserer wahren Natur, dem göttlichen Licht und der Liebe.

Viele Reisende, die den Weg gegangen sind, erzählen uns jedoch, dass Trennung die eigentliche Illusion ist. Die Welten mögen verschiedene Eigenschaften haben, aber in Wirklichkeit sind sie vereint, durchdrungen von derselben Essenz. Nichts ist höher oder niedriger. Alles ist EINS. Die Einfachheit dieser Erkenntnis ist so immens, weil alles einbezogen ist. Die Dunkelheit ist göttliche Dunkelheit und das Licht göttliches Licht. Das ist keine Theorie, sondern mystische Erfahrung. Diese Einheit umfasst alle Welten der Schöpfung wie auch die mystische Wirklichkeit des Ungeschaffenen. Die Elementarwesen, die *Devas*, die Engel und die Menschen wie auch die Schmetterlinge, die Bienen, die Wale, die Füchse, sie alle sind Teil einer lebendigen Einheit – der Matrix der Schöpfung.

In dieser Erfahrung verankert, erfährt der Mystiker die Schöpfung, wie sie *wirklich* ist. Und mit diesem Gewahrsein bekommt die Beziehung zwischen den Welten eine völlig andere Perspektive.

Sehen wir erst einmal, dass alles ein Aspekt des Göttlichen ist, erfahren wir, wie die Welt der Schöpfung ihre göttliche Absicht erfüllt, so wie die Welt des Lichts ihre Absicht erfüllt. Durch die Verbindung der beiden Welten kann die verborgene Natur der Liebe erkannt und die Einheit in der Vielfalt wahrgenommen werden. Wir erfahren dann statt des Gefühls der Trennung zwischen der Welt der Sinne und der Welt des Lichts ihre Wechselbeziehung. Die physische Welt, die Erde, ist entscheidend für die Erfahrung der Seele, wie sich das Göttliche entfaltet. Durch das einzige Auge des Herzens vermögen wir die Offenbarung der Liebe im Leben wahrzunehmen und daran mitzuwirken[7].

Zum Licht unserer höheren Natur zu erwachen, hilft uns, die Welt der Schöpfung vollständig zu erfahren. Zu Beginn des Pfades ist das Licht in unserem Herzen der Führer, der uns befreit, uns die Fehler und Hindernisse erkennen lässt, die uns blockieren, und dann auf den Weg verweist, dem wir folgen sollen. Das Licht des Herzens hilft dabei, uns unsere wahre Bestimmung zu zeigen, die oft ganz anders ist, als das, was wir uns vorstellen. Es hilft uns, in vollerem Umfang für unser wirkliches Potenzial bewusst zu werden und für die Weise, wie wir dienen können. Dann werden wir durch dieses innere Licht fähig, die Welt zu sehen, wie sie wirklich ist, und sind nicht länger blind oder eingeschränkt durch die Wünsche unseres Ego. Mit der Einfachheit unseres wahren Selbst können wir wirklich die Erdbeere schmecken, den Sonnenuntergang sehen und die Berührung unseres Geliebten spüren.

Mystiker bringen die Welt des Unsichtbaren und des Sichtbaren zusammen, denn »sie sehen alle Dinge als Beweis für die göttliche Einheit« und »erkennen in allen Dingen die Veräußerlichung Gottes.«[8] Die inneren Welten sind nicht mehr der Ort, um der Enge dieser Welt zu entkommen, sondern eine Qualität von Licht oder Bewusstsein, das in dieser Welt hier gebraucht wird, damit sie gesehen werden kann, wie sie wirklich ist – in ihrer Göttlichkeit – und wir auf heilige Weise, erfüllt mit Lobpreisen und Danksagen auf ihr gehen. In der Art, wie die Dunkelheit der Welt das göttliche Licht verbirgt – ihr Spiel der Schatten, des Begehrens und des Nichtwissens – ist eine Offenbarung, so einzigartig wie die Art der inneren Welten, ihr Licht zu offenbaren. Beide Welten sind im Dienst der Wunder der Schöpfung Gottes. Und wir sind Zeugen der Schönheit und Macht seiner lebendigen Einheit.

SICH GEGENSEITIG DURCHDRINGENDE WELTEN

In der vergangenen Ära hat das mystische Bewusstsein ein tiefes Verständnis von den inneren Welten entwickelt und Dimensionen des Lichts und das Aufgehen in Gott (oder für die buddhistischen Mystiker das *Nirwana*) erfahren. Diese inneren Wirklichkeiten wurden oft als recht getrennt von den Erfahrungen der äußeren Welt betrachtet, und viele Mystiker lebten in Klöstern oder Einsiedeleien, abgeschieden von den Anforderungen des Lebens. Auch im Sufismus, der kein monastischer Pfad ist, lag die Betonung auf der Abkehr von der äußeren Welt, um die innere Wahrheit im Herzen zu finden. Diese Orientierung nach innen gehörte zu einer Epoche, für die das Gewicht auf einer transzendenten Gottheit lag, häufig auf Kosten der immanenten Eigenschaften des Göttlichen – besonders jener Qualitäten, die dem Weiblichen und der physischen Welt zugeordnet wurden.

Indem wir in eine neue Ära eintreten, bemerken wir einen Wandel in die Richtung, den Alltag und die physische Welt in die spirituelle Praxis mit einzubeziehen. Im Westen sind viele der Leute, die sich vom spirituellen Leben angezogen fühlen, nicht fähig oder nicht bereit, einen Weg der Entsagung zu akzeptieren. Klosterleben hat seinen Reiz verloren. Ist das ein kultureller Trend, ein Mangel an ernsthafter spiritueller Verpflichtung in unserer westlichen Welt? Ist der Sog des Materialismus so stark, dass wir unsere Anhaftungen an das Weltliche nicht aufgeben können?

Oder könnte diese Veränderung zu einem neuen spirituellen Bewusstseinsmuster gehören, das nicht länger das Innere vom Äußeren und das Spirituelle vom Weltlichen trennt? Vielleicht bewegen wir uns auf ein Bewusstsein der Einheit zu, das alles Leben einschließt: das Licht und die Dunkelheit, die Welt des göttlichen Befehls und die Welt der Schöpfung.

Da gerade ein neues Kapitel in der heiligen Geschichte des Lebens geschrieben wird, verändern sich die Muster der Offenbarung. Und somit auch die Arbeit der Reisenden, die Weise, wie wir darauf hinarbeiten, göttliches Licht in uns selbst und in der Welt zu enthüllen. Die Entwicklungen, die wir als spirituelles Kollektiv erleben, sind Zeichen einer neuen Offenbarung. Wir werden erfahren, wie die Welten des göttlichen Lichts und die Welt der Schöpfung sich gegenseitig durchdringen, und erkennen, dass sie keine getrennten Dimensionen sind, sondern

Facetten einer Einheit, die sich fortwährend enthüllt und verhüllt.

Jene, die die Reise ins Herz der Herzen gemacht haben, kennen die Liebe, die im Innersten des Lebens ist, die Liebe, die jedem Atemzug Sinn und Magie verleiht. Eines der Paradoxe des Lebens liegt darin, dass die innere Wirklichkeit von Licht und Liebe überall um uns und in uns gegenwärtig ist, in jedem Atemzug, den wir nehmen, und doch ist sie verborgen, verhüllt durch unser Ego. Sie ist die wahre Substanz des Lebens, das innere Geheimnis der Schöpfung. Sie ist unser natürliches Selbst, das wir vergessen haben, das Paradies, aus dem wir vertrieben worden sind, wo wir noch nackt in der Gegenwart Gottes umhergingen.

Warum soll diese einfache Wahrheit verborgen bleiben? Muss die Menschheit verbannt aus ihrer angestammten essenziellen Natur leben? Oder können wir das Paradies zurückfordern, dieses einfache und freudige Gefühl über das, was wirklich und Teil des natürlichen Gewebes des Alltags ist? Dann beginnen wir vielleicht zu sehen, dass die Welten nicht getrennt sind, und die Wirklichkeit des Lichts sogar in den Schatten der Welt der Schöpfung zugegen sein kann.

Die traditionelle Antwort ist, dass diese Dimension des Lichts und der Liebe nur denen zugänglich ist, die dem Ego entsagt und ihre niedere Natur geläutert haben. Wenn uns unsere niedere Natur in der Welt der Schöpfung gefangen hält, dann müssen wir sie hinter uns lassen. Doch bedeutet das, die Tore der Offenbarung stehen nur einigen wenigen offen, und die Welt als Ganzes muss eingehüllt in Dunkelheit bleiben, eine Ödnis, die durch die Gier der Menschheit und das Vergessen vor sich hinstirbt?

Das Leben braucht das reine Licht der inneren Welten; es braucht diese Liebe und die Macht, um sie zu reinigen und zu beschützen. Als Reisende wissen wir, dass wir nur im Licht dessen, was wirklich ist, unseren Weg finden und die Quelle des Lebens zurückgewinnen können: »Denn bei Dir ist die Quelle des Lebens, und in Deinem Licht sehen wir das Licht.«

Die Aufgabe des Mystikers ist es, dieses Licht in das Leben zu bringen. Mit unserer Hilfe kann das Licht der göttlichen Liebe inmitten unserer derzeitigen kollektiven Muster erwachen; es kann damit beginnen, unsere Welt zu erlösen und die verlorengegangene Freude, Schönheit und das Wunder wieder einkehren zu lassen.

JENSEITS DES PARADIGMAS DER GEGENSÄTZE

Lässt sich das Paradigma der Gegensätze aufrecht halten, wenn man es näher betrachtet? Es gibt die grundlegenden Gegensätze von Tag und Nacht, Leben und Tod. Aber wie oft ist die Nacht völlig dunkel und der Tag ohne Schatten? Leben und Tod gehören zueinander, gehören zum ununterbrochenen Fluss der Schöpfung, und jeden Moment sterben wir und jeden Moment werden wir geboren. Transformation ist einerseits Tod, andererseits Geburt, und in der wahren Ganzheit eines Menschenwesens erkennen wir, wie die vielen Teile unserer selbst zusammenkommen.

Die gerade erwachende Einheit offenbart sich nicht durch duale Gegensätze, sondern durch Beziehungsmuster, Beziehungen, die eher auf Ähnlichkeit basieren als auf Gegensatz. Räumen wir erst einmal das Paradigma der Gegensätze beiseite, zeigt sich uns ein völlig anderes Bild des Lebens in einer Vielfalt an Farben, wobei jede Farbe einen anderen Aspekt der göttlichen Schönheit ausdrückt. Wenn unsere Augen offen sind, können wir diese globale Veränderung in unserer Umgebung sehen, in den Straßen unserer Städte mit all den unterschiedlichen Menschen, dem Gemisch an Ethnien, der so verschiedenen Musik, die zu hören ist, den verschiedenen Kulturen und Religionen mit ihren vielen Weisen, den Einen zu verehren. Etwas hat sich verändert, was fundamental ist, und doch übersehen wir es oder wollen nicht wahrhaben, was es bedeutet. Trotz unserer politischen Systeme, trotz der fundamentalistischen Religionen oder Rassenideologien ist unsere Welt nicht länger ein Ort, den wir in Gegensätze aufspalten können.

Die alten Gewohnheiten sind weiter vorhanden; die Dynamik der Dualität wird Jahrzehnte brauchen, um zu schwinden. Aber das Geheimnis ist, auf das zu schauen, was geboren wird. Die gerade entstehenden Beziehungsmuster tragen die neue Energie des Lebens, die ins Dasein drängt und unseren Planeten transformieren wird.

Mein eigener Pfad hat mich tief ins Herz geführt, doch es ging nicht darum, der physischen Welt zu entfliehen, sondern an dem Ort zu sein, wo die beiden Welten zusammentreffen, wo das Licht ins Leben kommt und das Herz zu singen lernt. Dieses Zusammenkommen der Welten ist die zentrale Note meiner Reise gewesen. Statt völlig im Licht aufzugehen, hat es mich dahin gezogen zu erkennen, wie die Welten in Resonanz schwingen, wie reines Licht in diese äußere Welt gespiegelt wird und wie in diesem Tanz der Spiegelungen neue Muster der Schöpfung entstehen. Kummer und Freude sind weiter gegenwärtig, und das Gewahrsein des Lichts bringt einen ganz eigenen Schmerz mit sich – die tiefste Betrübnis für mich ist, zu sehen, wie die Leute ihr eigenes Licht zudecken und die Schatten des Ego der Schönheit der wahren Natur vorziehen – wie Rūmī sagt: »Wie kannst du dich für so wenig verkaufen, du, der du so wertvoll bist in Gottes Augen?«

Die menschliche Natur hat viele Eigenschaften, sowohl Güte wie Grausamkeit. Die Welt des Lichts ist reine Liebe. Aber wenn die Welten zusammenkommen, ist auch noch etwas anderes gegenwärtig, das aus diesem Zusammentreffen entsteht. Und ich habe das Gefühl, dass diese neue Qualität zur nächsten Ära der Evolution gehört. Ob wir mit den Natur-*Devas* zusammenarbeiten oder mit dem Licht der Seele, es wird dabei eine Beziehung gebildet, und diese Beziehung ist es, die die neue Note mit sich bringt. Und wenn dieses Zusammenkommen der Welten zum Wohl des Ganzen, der Erde selbst geschieht, dann gehört diese neue Note zum Lied der Schöpfung, die auf neue Weise zum Leben erwacht.

Das Leben erschafft sich durch uns wieder. Die Lebensenergie, die durch uns wirkt, deckt Beziehungsmuster auf, die der Ganzheit eigen sind, die zu Lebenssystemen gehören, die auf gegenseitiger Beziehung und Interdependenz beruhen. Wir wissen, wie diese Muster die ökologische Basis des Lebens bilden. In den beiden letzten Jahrhunderten haben wir uns auf das Darwin'sche Modell vom Kampf ums Überleben und die ganze Dynamik der Konkurrenz und des Wettbewerbs fokussiert, die zu dieser Sichtweise gehören. Und das Leben hat wirklich diese Kräfte der Aggression, der Dominanz und der Konkurrenz.

Aber in jüngster Zeit hat sich unsere Wahrnehmung zu der Erkenntnis hin verändert, die Biosphäre »als eine gemeinschaftliche Unternehmung von allen lebendigen Organismen«[10] zu betrachten. So erkennt man zum Beispiel inzwischen, dass der Wald – den man früher als Zusammensetzung einzelner um Wasser, Nährstoffe und Sonnenlicht wetteifernder Bäume sah – ein einziger lebendiger Organismus ist, verbunden über Pilzgeflechte im Boden, die zusammenarbeitende, voneinander abhängige Beziehungen bilden, die über Kommunikation und eine kollektive Intelligenz aufrechterhalten werden, ähnlich wie in einer Insektenkolonie[11].

Die Ökologie lehrt uns, dass kein lebendiger Organismus isoliert existiert und die Natur das Leben erhält, indem es Muster der Beziehung, der Verknüpfung schafft. Dieses veränderte Verständnis betrifft nicht nur die Biosphäre, sondern bezieht sich auch auf unsere ganze multidimensionale Welt mit ihren zusammenhängenden Mustern. Jeder Organismus ist ein Teil einer größeren Ganzheit, in der alle Lebensformen gemeinsam existieren. Wir müssen jetzt diese größeren Muster in unser Bewusstsein zurückholen und die Art und Weise erkennen, wie Lebensformen, verschiedene Völker und verschiedene Welten miteinander in Beziehung stehen und einander nähren können. Ein Beispiel dafür ist, wie in den letzten Jahrzehnten der Osten den Westen mit seinem spirituellen Wissen und seinen Praktiken bereichert und eine neue Farbe in unser Bewusstseinsspektrum gebracht hat.

Das sieht vielleicht wie eine stark vereinfachende Herangehensweise an unsere gegenwärtigen Probleme aus, und wir haben erlebt, wie die Energie der Globalisierung von den Kräften der Konkurrenz und der Gier allem Anschein nach gekapert werden kann und wie uns das auch Terrorismus und die Angst vor Migranten bis vor die Haustür brachte. Diese Schattendynamik können wir nicht vermeiden; es kommt zu dieser Gefahr, wenn unsere Reaktionen so ausfallen, dass sie den Protektionismus und die Bilder der Dualität, »wir« und »sie«, nur verstärken. Traurigerweise sind es gerade diese dunkleren Bilder, die die Aufmerksamkeit der Medien auf sich ziehen und dadurch kollektive Angst erzeugen.

Aber das ist lediglich eine Ablenkung vom wahren Bedürfnis des Augenblicks: Das Leben erschafft sich auf einer globalen Ebene neu und braucht unser Mitwirken. Jene von uns, die nach innen reisen können, die über den Horizont einer rein physischen Welt hinausschauen, werden dort gebraucht, wo die Welten zusammenkommen. Es gibt, wie schon gesagt, viele verschiedene Welten, und ich habe mich auf die Beziehung zwischen den Welten des Lichts und der physischen Welt konzentriert, da dies zur Sufi-Tradition gehört, die ich seit einem halben Jahrhundert praktiziere. Aber ich glaube fest, dass wir mit den Bewohnern anderer Welten in Verbindung treten und kommunizieren sollten.

Wir brauchen die Beziehung zu den *Devas*, den Wesenheiten, die das Bewusstsein und die Ur-Weisheit der Natur tragen, damit wir helfen können, unsere verwüstete Welt zu heilen und zu transformieren. Wir können es uns nicht länger leisten, getrennt von ihrer Macht und ihrem Ur-Wissen von der Erde und den eigentlichen Naturgesetzen[12] zu leben. Und wer die Schönheit und Macht der Welt der Engel erfahren hat, weiß, wie wertvoll ihre Gegenwart sein kann. Ist es zu einfach zu sagen, dass wir in dieser Zeit der globalen Krise alle Hilfe brauchen, die wir bekommen können?

Leider spielen Schamanen keine wesentliche Rolle in unserer ökologischen Debatte, trotz der Warnung der Kogi Mamas an ihre »jüngeren Brüder« vor einer ökologischen Katastrophe und dem Ungleichgewicht im Ökosystem der Erde. Mit den *Devas* zu kommunizieren gehört nicht zum gegenwärtigen Lehrplan, und wir haben wenig Wissen über die Engelwelt oder wie wir eine Beziehung zu diesen Lichtwesen herstellen können. Doch wir können lernen, empfänglich für die inneren Welten zu werden, ihre Existenz anerkennen und das Unsichtbare willkommen heißen. Mein Gefühl ist, dass sich in den kommenden Jahrhunderten die Türen zwischen den Welten weiter öffnen werden und wir wieder das ursprüngliche Wissen lernen. Oder – wie in der Geschichte in der Bibel von Jakobs Leiter – wir werden zu dem Ort gelangen, wo die Engel zwischen Himmel und Erde auf und ab steigen.

Sind wir im Augenblick gegenwärtig, sind wir ganz von selbst mit den neu entstehenden Mustern des Lebens verbunden: Das Leben spricht in der uns eigenen Weise zu uns, weil wir Teil des Lebens sind. Trotz unserer Muster der Abwehr richtet uns das Leben dann auf das aus, was gebraucht wird. Versuchen wir jedoch, uns unsere Zukunft zu kreieren oder an der Vergangenheit festzuhalten, werden wir in den Bildern von dem stecken bleiben, was gerade am Sterben ist. Aber wie die meisten spirituellen Disziplinen uns lehren, können wir nur wach für das sein, was wirklich ist, wenn wir gegenwärtig sind: Nur im gegenwärtigen Moment können wir an dem teilhaben, was wirklich geschieht, und nicht einfach nur die Bilder unserer Ängste und Begierden wiederholen.

Im gegenwärtigen Augenblick können wir entdecken, wie das Innere und das Äußere wieder aufeinander ausgerichtet werden und auf uns warten, dass wir die Verbindung leben. Die Mystiker, die Liebenden, leben die Liebesverbindung zwischen den Welten. Wir sind diese Verbindung, der Ort, wo das Licht vom Inneren zum Äußeren kommt, wo die Engel wieder zu uns sprechen können. Wir sind das Höhere und das Niedere, und wir sind die Einheit, die beides umfasst. Wenn zwei Wirklichkeiten zusammenkommen, fangen sie an, schneller zu drehen und in einer Weise zu schwingen, die recht anders ist als die des Dualismus. Durch ihre Verbindung kann etwas Neues geboren werden, eine Daseinsweise, die die Zukunft ist. Das ist es, was darauf wartet, dass es geschehen kann. Die Verbindung der beiden ist wie die alchemistische Hochzeit, durch die das Individuum sein wahres Potenzial als Mikrokosmos des Ganzen wie auch als ein Teil des miteinander verbundenen Netzes des Lebens zu erkennen beginnt. Wir sind das Eine und das Viele.

Das ist die nächste Stufe der Erkenntnis des individuellen Bewusstseins.

DAS LICHT DER WELT

Die Welt von Gottes Befehl ist nicht von der Welt der Schöpfung getrennt. Ohne ihre höheren spirituellen Zentren wäre die Welt der Schöpfung ein blasser Schatten ihrer selbst, eine Welt ohne göttliche Liebe. Ohne die dichten Ebenen der Manifestation gäbe es nichts, was das reine Licht reflektieren könnte, und unser Geliebter bliebe verborgen als eine innere Essenz. Im Wunder der Mannigfaltigkeit des Lebens, in der Vielfalt der Formen der Liebe vollzieht sich die Selbstoffenbarung des Göttlichen. Das Licht der höheren Welten macht das möglich, indem es von den niederen Welten gespiegelt wird. Es ist der Zweck unserer Inkarnation, in dieser Arbeit mitzuhelfen und die Welten in unseren Gebeten und unserer Liebe zu verbinden und diese Lichtsamen in die Erde zu setzen.

Wird eine Seele geboren, bringt sie ihr reines Licht mit. Das ist einer der Gründe, dass es so viel Freude bei der Geburt eines Kindes gibt: Wir erkennen in ihm die göttliche Natur des Lebens. Für einen Augenblick erinnern wir uns durch die Gegenwart dieses Neugeborenen, wie das Leben wirklich ist. Im Menschheitsgedächtnis lebt noch eine Zeit fort, als wir alle in diesem Paradies waren und in der einfachen Freude lebten, lebendig zu sein, als das Licht unseres spirituellen Selbst noch nicht verdeckt war. Diese Zeit wird manchmal das »Goldene Zeitalter« genannt. Aber so wie das sich entwickelnde Ego-Ich des Kindes das Licht des Wirklichen vor ihm verhüllt, so hat uns die Gabe des individuellen Bewusstseins aus dem Paradies vertrieben. Wir tragen noch immer die Narben dieses scheinbaren Ausgesetztseins.

Seit dem Goldenen Zeitalter sind Epochen gekommen und gegangen. Die gerade zurückliegende Ära hat über Jahrhunderte die Entwicklung einer machtvollen Ausrichtung auf eine männliche transzendente Gottheit erlebt, durch die eine Trennung der Welten betont wurde. Das hatte große Auswirkungen auf die verschiedenen Ebenen. Spirituell hat sich dadurch die Idee der spirituellen Reise fort von der Welt gebildet und so auch einen dichteren Schleier zwischen der physischen Welt und den inneren Welten geschaffen, eine Sperre, die sowohl im individuellen Bewusstsein als auch in der Welt vorhanden ist. Dieser Schleier ist über die Jahrhunderte fast undurchdringlich geworden, wozu unsere verstandesbetonte Kultur und unser Hang zum Materialismus beigetragen haben.

Die Dichte des Schleiers hat es für das Licht, für die Magie und die Bedeutung der inneren Welten schwerer gemacht, in der äußeren Welt gesehen zu werden und so auch für die Liebe des Inneren, das Äußere zu nähren. Wir wissen, wie hart wir darum ringen müssen, das Licht unserer wahren Natur zurückzugewinnen. Uns ist aber nicht so klar, wie sehr die Erde selbst von ihrer Quelle im Inneren getrennt worden ist: auch sie ist einer bestimmten essenziellen Nahrung beraubt worden – als Folge davon schwindet das Licht des Heiligen.

So wie wir das Licht unserer höheren Natur brauchen, damit wir unseren Weg finden, so braucht auch die Erde dieses Licht, damit sie zu ihrer wahren Bestimmung erwacht. Indem wir die Erde in unseren dichten Wolken des Materialismus und des Vergessens eingekerkert haben, ist sie ihrer magischen Qualität beraubt worden. Die magische Natur der Schöpfung ist wesentlich für ihr Überleben und ihre Transformation.

Das Licht aus der Welt der reinen Liebe kann die magische Natur des Lebens wieder erwecken, genauso wie sie einen einzelnen Menschen für die Erhabenheit und das Wunder der

Erde, auf der wir wirklich leben, bewusst werden lässt. Im Licht der göttlichen Liebe können wir eine Welt erkennen und an ihr teilhaben, die ein dynamisches, spirituelles Wesen voll des Wundersamen und Unerwarteten ist. Ohne dieses Licht sehen wir nur die Welt unserer Sinne, eine Welt, die wir geplündert und in Not gebracht haben und deren Überleben am seidenen Faden hängt. Wir sehen eine von unserem Ego und seinen Wünschen definierte Welt, wo sie doch ein Ort der unbegrenzten Möglichkeiten sein könnte, deren eigentliche Natur heilig ist.

Wir verharren in unserer begrenzten Wahrnehmung des Lebens, weil wir uns eine Welt vorgestellt haben, die wir kontrollieren können. Die vergangene Ära hat uns auf den Weg des Herrschens geführt. Das Christentum lehrte uns, dass uns die Herrschaft über die Natur gegeben worden sei. Dann konzentrierte sich die katholische Kirche auf weltliche Macht statt auf spirituelles Bewusstsein und verfestigte ihre Macht, indem sie die Gnostiker, die Katharer und andere Mystiker verfolgte, Frauen auf den Scheiterhaufen brachte, die Heilkräfte hatten, und viele der esoterischen Lehren von Jesus Christus unterdrückte. Alle, die nicht zu ihrer Hierarchie standen, wurden als Ketzer gefoltert.

Wir bleiben verängstigt vor dem Unbekannten, und dabei ist das Göttliche das größte Unbekannte. Indem wir Gott in den Himmel verbannten, blieb uns die Illusion, die Macht auf Erden zu haben. Die Entwicklungen der Wissenschaft haben dazu geführt, diese Illusion noch zu verstärken, indem sie eine Welt darstellte, die wir mit Vernunft und Technik beherrschen könnten. Wollen wir das Göttliche wieder auf der Erde und mitten in unserem Alltag aufnehmen, können wir nicht mehr mit Gewalt und Willen dominieren, um die Illusion der Kontrolle aufrechtzuerhalten. Wir müssen dann erneut lernen, in unserem alltäglichen Leben mit dem Göttlichen in Verbindung zu sein, und wir müssen auch unsere Beziehung zur Erde wiederherstellen – Verehrung, Respekt und wahre Fürsorge – und erkennen, dass wir nur Teil einer lebendigen Gemeinschaft sind. Diese Angst vor dem Verlust unserer Kontrolle ist der eigentliche Grund für unseren Widerstand gegen jedwedes kollektive Erwachen.

Doch trotz der durch unser Leugnen geschaffenen Dichtigkeit beginnen sich, wie bereits erwähnt, die Schleier zwischen den Welten zu heben. Man kann an unerwarteten Stellen auf die Magie des Lebens treffen. Einzelne Menschen können ein plötzliches spirituelles Erwachen erleben, diesen ersten Moment der Gnade, wenn das Licht durchkommt. Und dunklere Kräfte haben auch ihren Weg in unser Kollektiv gefunden – denn nicht alle Elementarwesen sind uns wohlgesinnt. Da wir ihre Existenz nicht anerkennen, können wir für ihr Wirken nur leicht die Gier der Großkonzerne oder die Politik von Regierungen oder Diktatoren verantwortlich machen. Auch verstehen wir nicht, wie einige Energien Grausamkeit anheizen und sich von menschlichem Leid nähren. Wollen wir uns zu spiritueller Reife entwickeln, müssen wir lernen, die Existenz und die Ursprünge verschiedener Kräfte zu erkennen und zwischen den Welten zu unterscheiden. Aber zuallererst müssen wir aus der Abgeschlossenheit unseres gegenwärtigen »Flache-Erde«-Bewusstseins hinaustreten. Wie Hamlet zu seinem verstandesbetonten Freund sagt: »Es gibt mehr Dinge zwischen Himmel und Erde, Horatio, als du es dir in deiner Philosophie träumen läßt.«[13]

MUSTER DER BEZIEHUNGEN

Eine Verbindung zwischen den Welten zu leben, bedeutet, in eine verschwommenere, weniger festgelegte Welt einzutreten und auch die Weisheit des Weiblichen wiederzugewinnen, die instinktiv um die vernetzte Ganzheit des Lebens weiß – um die Beziehungsmuster, die uns in der sichtbaren Welt wie auch in den unsichtbaren Welten nähren. Leider kann es Generationen dauern, bis wir uns völlig mit dem Wissen unserer Vorfahren wiederverbinden, die viel müheloser in einer fluiden Realität von inneren und äußeren Welten lebten. Uns ist nicht klar, wie unser westliches Bewusstsein über die Jahrhunderte zensiert, wie uns systematisch ein Teil unseres Erbes aberkannt worden ist. Die Verbannung der heidnischen Welt durch das Christentum, das Niederhacken der heiligen Haine steht nicht einfach nur in unseren Geschichtsbüchern, sondern wirkt sich weiterhin auf uns aus.

Auch wird es eine Revolution bedeuten, die so tiefgreifend ist wie Galileos Beobachtung, dass die Sonne sich nicht um die Erde dreht. Wir haben den Mythos geschaffen, wir Menschen wären die einzigen Träger eines Bewusstseins, die Gebieter über die uns umgebende Welt. Zu einer multidimensionalen Wirklichkeit zu erwachen, bewohnt von Wesenheiten verschiedener Energien und Bewusstseinsformen, verschiedener Kommunikationsweisen und Verhaltensmuster, kann wundervoll und zutiefst bedrohlich sein.

Als ich neunzehn war und das Zimmer meiner Lehrerin betrat, fand ich mich in einem Raum voll des Unsichtbaren wieder – die Luft war angefüllt mit der Präsenz anderer Ebenen der Wirklichkeit. Es war ein Ort der Wunder, sowohl des Heilens als auch der Herzensöffnung. Gebete waren lebendig und Engel waren da. Seit damals bin ich imstande, ein bisschen von den Welten zu sehen, die uns umgeben, und die Führung und Gnade zu erfahren, die von innen kommt. Ich kann mir nicht mehr vorstellen, wie es ist, auf einer einzigen Bewusstseinsebene zu leben, isoliert, allein. Kollektiv haben wir so viele Kanäle für unser Fernsehen, so viele Apps auf unseren Smartphones, aber wir leben in einem schrumpfenden Bewusstsein, das sich auf den Materialismus ausrichtet. Dabei sind wir umgeben von anderen Wirklichkeiten, die darauf warten, mit uns zu kommunizieren.

Vor einigen Jahren, ich ging gerade den Strand entlang, das Sonnenlicht funkelte auf den Wellen des Ozeans, da wurde ich plötzlich aus meinem physischen Körper geholt und in die Welt des Lichts genommen. Ich fand mich von Lichtwesen umgeben und sie waren sehr verdutzt. Sie sagten mir, es sollte eigentlich eine Zeit sein, in der die verschiedenen Welten und ihre Bewohner zusammenkommen und sich miteinander austauschen. Sie hätten nicht verstanden, warum wir uns in unserem Bewusstsein abgeschottet haben, statt offen für diese Beziehung zu bleiben. Sie ließen mich mit den Worten zurück: »So hat es nicht sein sollen.« Die Welt der Engel hat eine sehr unterschiedliche Beziehung zur Zeit als wir in unserer Welt – unser Zeitgefühl hat für sie keine Bedeutung. Aber sie wussten, dass dies der Moment in der Zeit war, wo die Welten zusammenkommen sollten und es gewisse Gelegenheiten für dieses Öffnen gegeben hat. Als ich auf dem Strand zurückging, blieb ihr Gefühl der Verwirrung in mir zurück und die Möglichkeit einer verpassten Chance.

Und doch gibt es diejenigen unter uns, die offen für diese Chance sind, die die Gegenwart der inneren Welten gefühlt und das Licht der Ebene der Seele erfahren haben. Viele haben schamanische Erfahrungen gemacht, ihr Krafttier oder ihren Geistführer gefunden.[14] Allein die Wahrnehmung, sich mit anderen Ebenen des Daseins verbinden zu können, ist ein wichtiger Schritt, der uns aus den Begrenzungen unseres kollektiven Bewusstseins ausbrechen lässt. In meinem Verständnis sind es diese Muster der Beziehung, die so lebenswichtig sind. Spezielle Führung und Hilfe sind immer nützlich, und Heilen ist eine Gabe. Aber durch diese Muster, diese Verbindungen kann ein neues Bewusstsein entstehen. So wie unser Erkennen der Vernetzungen des Ökosystems uns zu einem Verständnis der Wege der Einheit hinführt – wie die Biosphäre kommuniziert und zusammenarbeitet –, so wird eine Offenheit für die inneren Welten unser Bewusstsein in unvorhersehbarer Weise ausweiten, und wir sperren uns dann nicht mehr selber aus dem Garten der Wunder und Magie aus. Und zentral für diese Veränderung in unserer Evolution ist die Beziehung zur Erde als einem lebendigen, spirituellen Wesen, deren Bewohner sowohl zu den sichtbaren wie auch unsichtbaren Reichen gehören.

Gott erlöst die Menschheit, aber die Natur muss durch die Alchemisten unter den Menschen erlöst werden, die den Prozess der Transformation einleiten können, der allein imstande ist, das in der physischen Schöpfung gefangene Licht zu befreien.[1]

Stephan Hoeller

5

ANIMA MUNDI – DIE SEELE DER WELT ERWECKEN

Die Welt ist ein lebendiges spirituelles Wesen. Das erkannten die alten Philosophen und die Alchemisten, die von der spirituellen Essenz der Welt als der *anima mundi*, der »Weltseele« sprachen. Sie betrachteten die Weltseele als reinen ätherischen Geist, der die ganze Natur durchzieht, als göttliche Essenz, die alles Leben im Universum umfasst und ihm Energie verleiht.

Ein ähnliches Verständnis der spirituellen Natur der Schöpfung wurde lange von den indigenen Völkern bewahrt, deren Schamanen es waren, die sich oft um die spirituelle Energie für das Gedeihen des Lebens kümmerten. Die Kogi Mamas (Priester) der Sierra Nevada zum Beispiel sind geschult, sich mit *Aluna*, einem kosmischen Bewusstsein, das die Quelle allen Lebens ist, zu verbinden und damit zu interagieren, einer kollektiven Intelligenz, vergleichbar mit dem Geist der Natur.

Allerdings hat sich durch die Geschichte hindurch unser Verständnis von der Welt als lebendigem Wesen mit einer spirituellen Essenz dramatisch verändert. Plato war der Auffassung, dass »der Kosmos ein einziges Lebendiges Wesen ist, das alle lebendigen Wesen in sich birgt.«[2] Während diese Tradition durch die Gnostiker und später durch die Alchemisten weitergegeben wurde, stellten sich die Kirchenväter die Welt weder als göttlich noch als heilig vor. Eine transzendente Göttlichkeit war die

Quelle aller Schöpfung, und die Menschheit lebte, vom Himmel ausgeschlossen, im Exil in einem Zustand der Sünde. Diese Doktrin schuf eine Trennung zwischen Materie und Geist, die bewirkte, dass die Welt als getrennt von ihrem Schöpfer gesehen wurde.

Die Anschauung, dass die Welt heilig ist, tauchte in den folgenden Jahrhunderten immer mal wieder auf. Mit dem Aufleben der Gotik im zwölften Jahrhundert – und später in der Renaissance – wurde die erschaffene Welt für kurze Zeit unter dem Aspekt der Idee der Weltseele gesehen. Die Baumeister der Gotik spiegelten in ihren Kathedralen ihre Vision von einer heiligen Ordnung innerhalb der Schöpfung wider, die zum weiblichen göttlichen Prinzip gehört. Die Weltseele belebte und formte die Natur göttlichen Proportionen entsprechend, die die Baumeister, Maurer, Steinmetze und Glasmacher dann in ihren Werken darstellten.[3]

Während der Renaissance wurde die Natur wieder kurz als ein lebendiges Wesen gesehen:

> Während die mittelalterliche Theologie Gott in eine völlig transzendente Sphäre gerückt hatte, war für die Platoniker der Renaissance die Natur von Leben, Göttlichkeit und numinosem Geheimnis durchdrungen, ein vitaler Ausdruck der Weltseele und der lebendigen Kräfte der Schöpfung. Mit den Worten Richard Tarnas': »Der Garten der Welt war wieder verzaubert mit magischen Mächten und transzendenten Bedeutungen, die jedem Teil der Natur innewohnten.«[4]

In der Renaissance wurde die Weltseele als spirituelle Essenz innerhalb der Schöpfung betrachtet, die das Entfalten des Lebens und des Kosmos leitet. Mit den Worten des Renaissance-Philosophen Giordano Bruno »erleuchtet die Weltseele das Universum und dirigiert die Natur, ihre Arten in der richtigen Weise hervorzubringen.«[5] Die Weltseele war auch das schöpferische Prinzip, dem die Renaissancekünstler in ihren Werken nachzueifern suchten. Ihre Kunst basierte auf denselben heiligen Proportionen, die sie in der Natur sahen, und sie verstanden die Imagination als eine magische Kraft, die die »Energien der *anima mundi* herbeilocken und lenken kann«.

Die Renaissance hat uns großartige Wunder der Kunst und der Imagination hinterlassen. Es war jedoch nur eine kurze Blütezeit. Die orthodoxen Strömungen der Kirche etablierten wieder die Trennung zwischen Materie und Geist, und die aufstrebenden Wissenschaften führten dazu, dass man sich die natürliche Welt als eine Maschine vorstellte, deren entkörperlichtes Funktionieren von den Menschen rational verstanden und beherrscht werden konnte. Die magische Welt des schöpferischen, vom göttlichen Geist durchdrungenen Geheimnisses wurde zu einem Traum, der Dichtern und den Laboratorien und symbolischen Schriften der Alchemisten vorbehalten war.

Die Alchemisten fuhren fort, die *anima mundi* zu erforschen. Während die Kirche das Licht im Himmel suchte, suchten die Alchemisten das in der Materie verborgene Licht. Sie gingen davon aus, dass es eine heilige Essenz im Stoff der Schöpfung gab, die sie durch ihre Experimente und das Imaginieren freisetzen wollten. Für die Alchemisten ist die *anima mundi* der göttliche Funke in der Materie, das »philosophische Quecksilber«, welches das »universale und funkelnde Feuer im Licht der Natur ist, das den himmlische Geist in sich trägt«.

Die Alchemie befasst sich damit, Blei in Gold umzuwandeln, indem sie das Licht befreit, das in der Dunkelheit verborgen ist – »die feurigen Funken der Weltseele, das heißt, des Lichts der Natur … zerstreut oder versprüht durch die Struktur der großen Welt hindurch in alle Früchte der Elemente überall«.[6] Die Alchemisten nahmen auch an, dass es eine Verbindung zwischen der *anima mundi* und der Seele oder dem allerinnersten Geheimnis des Menschen gibt. Der Ursprung dieser Weisheit und dieses Wissens von der alles durchdringende Essenz der *anima mundi* war das »innerste und geheimste Numinosum des Menschen«.[7]

Im letzten Jahrhundert wiederentdeckte C.G. Jung die Weisheit des alchemistischen *opus* und zeigte auf, wie alchemistische Symbole den Prozess der inneren Transformation darstellen, der dieses verborgene Licht befreien kann. Jung unterschied zwischen zwei Arten des spirituellen Lichts: *lumen dei*, das Licht, das aus dem spirituellen Reich einer transzendenten Gottheit kommt, und *lumen naturae*, das Licht, das in der Materie und in den Kräften der Natur verborgen ist. Das göttliche Licht kann durch Offenbarung und durch spirituelle Übungen, die uns Zugang zu unserem transzendenten Selbst geben, erfahren werden. Das Licht der Natur muss, damit es schöpferisch in der Welt wirken kann, durch die innere Alchemie freigesetzt werden.

Die Tradition der Alchemie, zurückübersetzt in die Sprache der inneren Transformation, ist ein Schlüssel, der uns hilft, unser natürliches Licht zu befreien und die Welt zu transformieren. Das in der Dunkelheit verborgene alchemistische Licht ist unser eigenes Licht, das auch der göttliche Funke in der Materie ist. Unser natürliches Licht ist Teil des Lichts der Weltseele. Dieses alchemistische Aufschließen der Materie kann mit der Befreiung oder Erweckung der Weltseele, der *anima mundi*, in Zusammenhang gebracht werden. Als ein Mikrokosmos des Ganzen kann der einzelne Mensch direkt an dem alchemistischen Prozess teilhaben, der dieses Licht befreit – ein Licht, das benötigt wird, um die Geheimnisse der Schöpfung zu verstehen und uns zu zeigen, wie wir mit ihrer magischen Natur arbeiten können. Mit dem *lumen naturae* können wir wieder lernen, die Geheimnisse der Natur zu entschleiern, so dass wir für unser Überleben die natürliche Welt nicht länger attackieren und zerstören müssen.

Die Alchemie ist unsere westliche Tradition der inneren Transformation. Die Sufis haben schon immer von dem inneren alchemistischen Prozess gewusst.[8] Einer der frühen Sufi-Meister, Dhū-l-Nūn, wurde als Alchemist beschrieben, und ein großer Sufi des zwölften Jahrhunderts, al-Gazzālī, hat eines seiner wichtigsten Bücher *Die Alchemie des Glücks* betitelt. Sufis haben die Alchemie des Herzens gemeistert, wobei die Energie der Liebe den einzelnen Menschen transformiert, damit das in der Dunkelheit der *nafs* oder des niederen Selbst verborgene Licht enthüllt wird. Sie haben eine detaillierte Wissenschaft entwickelt (in dem folgenden Kapitel »Das Licht des Herzens« beschrieben), mit den Kammern des Herzens so zu arbeiten, dass eine innere Transformation erreicht wird, die dem Reisenden Zugang zum Licht seiner wahren Natur gibt. Diese Arbeit ist nicht nur für den Einzelnen gedacht, sondern kann sich unmittelbar auf die gesamte Schöpfung und das Herz der Welt auswirken. Haben wir erst einmal die mysteriöse Verbindung zwischen unserer eigenen innersten Essenz und der Seele der Welt erkannt, können wir die Werkzeuge der inneren Transformation benutzen, um direkt mit der Seele der Welt zu arbeiten und der *anima mundi* zu helfen, ihr göttliches Licht zu enthüllen und zu erwachen.

WIE OBEN SO UNTEN

Durch die Schriften C.G. Jungs über die Alchemie haben wir begonnen, das Wesen der inneren alchemistischen Arbeit zu verstehen. Die Arbeit an dem alchemistischen Blei – an der *prima materia*, an dem, was »glorreich und abscheulich, kostbar und gering ist und überall gefunden wird«[9] – ist die Arbeit am Schatten, den abgelehnten und uneingestandenen Teilen unserer Psyche. Der Stein der Weisen, das aus dem Blei gewonnene Gold, ist unsere eigene wahre Natur, das SELBST. Statt einer transzendenten, körperlosen Göttlichkeit enthüllt die Alchemie das göttliche Licht, das in den tiefsten Tiefen unserer Psyche existiert. Dieses in der Dunkelheit verborgene Licht, das *lumen naturae*, ist auch unser instinktives Selbst, unsere natürliche Art zu sein, das bis zu seiner Freilegung von den Mustern der Konditionierung und den Schichten des falschen Selbst überdeckt wird.

Was ist der Unterschied zwischen dem in den Tiefen der Psyche entdeckten Licht und dem Licht unseres transzendenten göttlichen SELBST, dem wir für kurze Augenblicke in der Meditation oder in gewissen Erfahrungen begegnen? *Es ist dasselbe Licht*, das auf verschiedene Weise erfahren wird. Die Sufis wissen, dass der Geliebte, die Quelle allen Lichts, sowohl eine immanente als auch eine transzendente Qualität hat. ER, den wir lieben, ist beides, »uns näher als unsere Halsschlagader« und »sogar jenseits unserer Idee vom Jenseits«. Das SELBST, »größer als groß und kleiner als klein«, hat dieselbe duale Qualität.

Der Yogi tief in der Meditation und der Alchemist in seinem Laboratorium suchen dasselbe Licht, dieselbe göttliche Natur. Alles, was wir erfahren, hat eine duale Beschaffenheit, einen männlichen und einen weiblichen Aspekt, und das gilt auch für das Licht des SELBST. Es kann in seiner männlichen Form als reines transzendentes Licht erfahren werden, als Bewusstsein ohne die Beschränkungen der Psyche oder der physischen Welt. In der Meditation können wir unsere ewige und unendliche Natur zuerst kurz wahrnehmen und später in ihr ruhen und eine Realität erfahren, die nicht durch unseren Körper oder die manifestierte Realität bestimmt oder eingegrenzt wird. Dies ist eine Wirklichkeit von Licht über Licht, unsere farblose und formlose Essenz.

Wir können unsere göttliche Natur auch in ihrer weiblichen, verkörperten Form erfahren, als das Licht des Daseins, als unsere natürliche Weisheit, das Gold unserer wahren Natur. In diesem Licht erfahren und erkennen wir das Göttliche innerhalb der Schöpfung, die Weise, wie Sich unser Geliebter in einer Vielfalt an Formen offenbart, wobei jede Form ein anderer Ausdruck Seines unendlichen Seins ist. Wir erleben, wie jede Farbe, jeder Geruch, jeder Geschmack, sogar jeder Gedanke und jedes Gefühl ein einzigartiger Ausdruck des Göttlichen ist. So erfahren wir Ihn in Seiner Schöpfung anders als im Transzendenten, wo alles noch nicht entfaltet ist. In dieser Offenbarung erkennen wir, dass jedes Ding einzigartig ist und dass alle Dinge eins sind, und wir entdecken die Beziehung der Teile zu dem Ganzen – das miteinander vernetzte Wunder der Schöpfung. Wir sehen das reiche Gewebe des Lebens und wissen, dass es EIN Wesen ist, das Sich auf so viele Arten offenbart.

Wenn wir nicht im Paradigma der Dualität bleiben wollen – unserer ererbten Spaltung zwischen männlich und weiblich und Geist und Materie – müssen wir beide dieser Aspekte anerkennen. Wir können es uns nicht mehr leisten, dem von unseren patriarchalischen Kirchenvätern eingeschlagenen Weg zu folgen und nur ein transzendentes Licht zu suchen, nur zum Himmel aufzuschauen. Wir müssen auch das Licht erkennen, das sich in der Materie verbirgt, und die Magie der Schöpfung verstehen, die es enthüllt. Es ist notwendig, dass wir die Geheimnisse der Schöpfung kennen, wie sie in dem heiligsten Text der Alchemisten, der *Smaragdtafel*, die Hermes Trismegistos zugeschrieben wird, gefeiert werden:

> Was unten ist, ist gleich dem, was oben,
> und was oben ist, gleich dem, was unten,
> auf dass sich die Wunder des einen Dinges vollziehen.[10]

Das in der Materie verborgene Licht ist das eine Licht, das in dem Mysterium der Schöpfung erfahren wird, der verborgene Schatz, der sich durch den Tanz der Mannigfaltigkeit enthüllt. Die Erschaffung der manifesten Welt ist eine Offenbarung der verborgenen Natur des Göttlichen, so wie es in dem *hadīth* ausgedrückt wird: »Ich war ein verborgener Schatz und sehnte Mich danach, erkannt zu werden, darum erschuf Ich die Welt.« Aber wir können nur durch das in ihr verborgene Licht das Wunder erfahren und die wahre Natur dieser Offenbarung erkennen. Genauso wie unser Geliebter der Liebe Geheimnis in uns versteckt hat – »Der Mensch ist Mein Geheimnis und Ich bin sein Geheimnis« – so hat Er sich in Seiner Schöpfung versteckt. Manchmal, in Momenten inmitten der Schönheit oder der Pracht der Natur, in der Weite des Sternenhimmels oder der Vollkommenheit des Morgentaus auf einer Blume, erblicken wir dieses Wunder. Das in der Materie verborgene Licht bricht plötzlich durch, und wir stehen in Ehrfurcht vor unserem Schöpfer, so wie es der Dichter Gerard Manley Hopkins beschreibt:

> Geladen ist die Welt mit Gottes Herrlichkeit.
> Aufflammen wird sie und funkeln
> wie von aufgeschüttelter Folie.[11]

Durch dieses Licht können wir zur heiligen Natur des Lebens erwachen und die wahre Schönheit göttlicher Offenbarung erfahren. Es gibt nur ein Licht – »wie oben so unten« – und doch hat das *lumen naturae* eine andere Qualität als das *lumen dei*, ermöglicht eine andere Qualität der Offenbarung. Das Licht, das in den Tiefen unserer Psyche durch die Arbeit am Schatten und das innere alchemistische *opus* gefunden wird, offenbart einen Teil unserer göttlichen Natur, das einem rein transzendenten Bewusstsein verborgen bleibt. Wir erfahren dadurch uns und unseren Geliebten auf neue Weise. Für jeden von uns ist diese Offenbarung einzigartig. Es gehört zum Wunder der Schöpfung, wie Sie jedem von uns eine andere Erfahrung bietet; sogar ein und derselbe Apfel, von zwei Leuten geschmeckt, wird jeweils unterschiedlich erfahren. Durch das Licht in der Natur können wir das Leben sehen, wie es wirklich ist, eine Erfahrung von Moment zu Moment – jeder Moment so einzigartig wie eine Schneeflocke. Gleichzeitig erfahren wir diesen einzigartigen Moment als Teil einer größeren Einheit – das Mandala des Lebens. Wir sehen die Muster, die alles Leben miteinander verbinden und wie jeder Teil das Ganze widerspiegelt.

> Wer in jedem Teil nicht das Ganze sieht,
> spielt Blinde Kuh;
> Ein weiser Mensch
> schmeckt den Tigris in jedem Schluck.[12]

VERBINDUNGEN DES LICHTS

In unserem Allerinnersten wissen wir um diese tiefe Verbundenheit allen Lebens. Und doch haben die Kirche, die wachsende Bedeutung der westlichen Wissenschaft und der zunehmende

Materialismus in unserer Kultur die *anima mundi* so wirkungsvoll aus unserer kollektiven Vorstellungswelt verbannt, dass wir diese ursprüngliche Verbindung verloren haben. Mit den Worten C.G. Jungs: »bis der Mensch selbst aufgehört hat, der Mikrokosmos zu sein und seine Anima nicht mehr wesensgleich mit der *scintilla* oder dem Funken der *anima mundi*, der Weltseele ist.«[13] Wie können wir diese Beziehung wiedergewinnen, diese Verbindung in unserer Imagination und unserer inneren Arbeit wiedererwecken? Wie können wir unser Licht der Weltseele zurückgeben?

Indem wir die einfache Tatsache, dass wir Teil des Ganzen sind, anerkennen, wird eine Verbindung zwischen unserem Licht und der Welt geschaffen. Wir bilden diese Verbindung über unser Bewusstsein und über unsere Vorstellungskraft; dann beginnt unser Licht durch diese Verbindung zu fließen. So setzen wir die Arbeit des Ganzen in Gang. Diese Verbindungen schaffen Bahnen des Lichts, die sich ihren Weg durch die Dunkelheit der kollektiven Psyche suchen. So wie in der persönlichen Psyche gibt es auch hier Blockierungen und Orte des Widerstandes gegen diesen Lichtfluss. Und es gibt Orte der Kraft, der Kreativität und unvermuteter Eigenschaften.

Die Weltseele ist keine feste, definierbare Substanz, sondern ein lebendiger Stoff, geschaffen aus den Hoffnungen, Träumen und innersten Bildern der Menschheit und der gesamten Schöpfung. Dies ist das Zuhause der kollektiven Erinnerungen der Schöpfung und der Mythen der Menschheit. Hier wohnen die Archetypen und Mächte, die unser Leben bestimmen. Hier gibt es verborgene Orte von magischer Bedeutung, Orte, an denen Träume ins Sein kommen können. Wir haben so lange in der kargen Öde der rationalen Landschaft gelebt, dass wir die machtvolle Kraft, die unter der Oberfläche liegt, vergessen haben. Wenn das Licht durch die von unserer bewussten Verbindung zur *anima mundi* geschaffenen Bahnen fließt, wird es seinen Weg zu den Orten der Kraft innerhalb der Welt finden, Orte, an denen tiefere Bedeutungsebenen darauf warten, erfahrbar zu werden.

Gegenwärtig sehen wir die materielle Welt als etwas, das von uns getrennt ist, ein festes und beständiges Objekt ohne Leben oder Magie. Wie die Wissenschaftler des 17. Jahrhunderts, die entschieden, Tiere hätten keine Gefühle und könnten daher ohne zu leiden seziert werden, fühlen wir uns frei, der Welt unseren Willen aufzuzwingen und sie zu unserem Vorteil auszuplündern, ohne auch nur einen Gedanken daran zu verschwenden, wieviel Leid und Schaden wir ihr zufügen. Gefangen in unserem materialistischen Treiben erkennen wir nicht, dass dieses Bild der Welt eine Illusion ist, ein substanzloser Traum, der sich leicht verändern oder auflösen kann, sobald neue Kräfte ins Spiel kommen. Wenn unser Licht seine Verbindungen innerhalb der Weltseele schafft, wird es einige dieser Kräfte aktivieren, Energien, die darauf warten, die Welt von dieser destruktiven Illusion zu befreien. Wir wissen, wie das auf unserer eigenen alchemistischen Reise vor sich geht, wie das, was wir unter der Oberfläche finden, unsere Werte auf unerwartete Weise verändert und sich dann Verbindungen entwickeln und Synchronizitäten auftreten, die man zuvor für unglaublich gehalten hätte. Wenn wir diese Verbindungen herstellen, werden wir sehen, dass die Welt und wir selber weit magischer sind, als wir denken.

Für diese Arbeit, unser Licht mit der Welt zu verbinden, braucht es keine Massenbewegung oder Millionen von Menschen. Seit Jahrhunderten haben einige wenige Alchemisten diese Geheimnisse der inneren Transformation trotz der machtvollen Strömungen der Kirche und der Gesellschaft lebendig gehalten. Die wirkliche Arbeit geschieht immer durch eine kleine Anzahl von Individuen. Entscheidend ist, wie sehr wir uns einbringen: ob wir es wagen, uns ganz und gar der Arbeit der Seele zu verpflichten. Anders als die Alchemisten, die in ihren Laboratorien lebten, brauchen wir unser gewöhnliches, äußeres Leben nicht aufzugeben – der normale Alltag kann auch die notwendige Balance bieten und ein Schutz vor den seltsamen Verblendungen sein, die so leicht von der inneren Welt erzeugt werden. Doch wir müssen bewusst die Notwendigkeit für diese Arbeit erkennen und dürfen nicht länger an den Außenlinien stehen und zuschauen, wie unsere kollektiven Träume außer Kontrolle geraten.

Unsere Kultur mag uns in unserem individuellen Selbst eingekapselt und von der Magie des Lebens getrennt haben – aber auch das ist nur eine oberflächliche Sinnestäuschung. Wir sind alle miteinander verbunden und Teil der lebendigen Substanz der Schöpfung. In jeder Zelle unseres Seins, in jedem Funken unseres Bewusstseins haben wir ein Wissen von der Einheit. Unsere eigene innere Reise lässt sich nicht von der Reise des Ganzen trennen. Eine von der Ganzheit getrennte innere Reise ist keine wirkliche Reise; sie ist nur eine weitere Illusion, erzeugt vom Ego, das sich schützen möchte.

Die Substanz unserer Seele ist Teil des Stoffes des Lebens, dieses Gewebes der Schöpfung, in das die Einhörner und Monster unserer Träume genauso hineingewoben sind wie die Wolkenkratzer unserer Städte. Die innere und die äußere Welt sind nicht getrennt – auch wenn unsere rationale Kultur sich sehr anstrengt, uns das glauben zu machen. Die aktuellen Schrecken des Terrorismus haben wieder einmal die Dämonen in unsere Wohnzimmer gebracht, und wir spüren, dass es nirgendwo wirklich Sicherheit vor diesen Schatten gibt. Aber wir brauchen diesen archetypischen Alpträumen nicht einfach zum Opfer zu fallen. Indem wir die wahre Magie, die von innen kommt, herbeirufen, können wir daran arbeiten, das Licht und die Dunkelheit auszubalancieren und schöpferisch mitwirken, die Träume zu verändern, die unser kollektives Leben bestimmen.

Das Licht der Weltseele wartet darauf, genutzt zu werden, uns mit den inneren Kräften zu verbinden, die der Materie und dem Leben selbst angehören. Die wirkliche Welt ist ein verzauberter Ort voller magischer Kräfte, die möchten, dass wir von ihnen Gebrauch machen. Und die *anima mundi* ist, wie es die Alchemisten wussten, eine schöpferische Kraft: »Der Künstler, der Handwerker, der ›innere Schmied‹ ist es, der die Urmaterie ausgestaltet und differenziert, indem er ihr Form verleiht.«[14]

ZUM SINN DER SCHÖPFUNG ERWACHEN

Die Weltseele ist nicht einfach ein psychologisches oder philosophisches Konzept. Sie ist eine lebendige spirituelle Substanz in uns und um uns herum, was die Kogis den Geist der Natur nennen. So wie die individuelle Seele den ganzen Menschen durchdringt – unseren Körper, unser Denken und unser Fühlen –, so gehört es zur Eigenschaft der Weltseele, in allem gegenwärtig zu sein. Sie durchzieht die gesamte Schöpfung und ist das vereinigende Prinzip in der Welt. Der Alchemist und Arzt Thomas Browne verstand sie als den »Universalen Geist der Natur, die *anima mundi* oder die Weltseele, die für alle Phänomene verantwortlich ist und alles Leben miteinander verbindet.«[15] Marsilio Ficino sah die Weltseele überall wirken:

> »Die Seele ist alle Dinge zusammen ... Und da sie das Zentrum aller Dinge ist, hat sie die Kräfte von allem. Daher geht sie in alle Dinge ein. Und da sie die wahre Verbindung aller Dinge ist, geht sie in das eine ein, ohne die anderen zu verlassen ... deshalb kann man sie zu Recht als das Zen-

> trum der Natur bezeichnen, den Angelpunkt aller Dinge, das Gesicht von allem, die Verbindung und den Knotenpunkt des Universums.«[16]

Die Seele der Welt durchdringt die gesamte Schöpfung wie Salz das Wasser. Die physische Welt ist die dichtere Ebene und in ihr und sie erhaltend ist die Wirklichkeit der Seele, die wiederum die Höhere Intelligenz enthält, die das schöpferische und ordnende Prinzip des Lebens ist.

Diese göttliche Intelligenz ist in allem. Sie ist der Funke in der Materie, das Licht im Menschen. Trennen wir uns von unserer eigenen Seele ab, verwehren wir uns den bewussten Zugang zu diesem Licht, zu seiner Führung und seiner Intelligenz. Dann wird unser Leben sinnlos und zwecklos, »ein wandelnder Schatten … nichts bedeutend.« Verbinden wir uns wieder mit unserer Seele, wird die Magie und Bedeutung des Lebens sowohl in uns als auch um uns herum von neuem lebendig.

Unser wirkliches Geschenk an das Leben ist das Bewusstsein seiner heiligen Bestimmung. Wenn wir uns der Absicht des Lebens gewahr sind, scheint das Licht der Seele in unser Leben, und ihr in der Welt verborgenes Geheimnis wird lebendig. Und das Licht, das in uns ist, ist in allem; es ist »im Zentrum aller Dinge«. Wenn unser Licht in uns lebendig wird, wird es in der gesamten Schöpfung lebendig. Es offenbart der Schöpfung ihre wahre Bestimmung. Zurzeit nimmt unsere kollektive Kultur das Leben hauptsächlich aus der materiellen Perspektive wahr – wir beten den Gott des Konsums an, machen den Erwerb von Dingen zu unserem Lebensziel. Wir sind in der Materie gefangen. Wir haben die symbolische und heilige Bedeutung der äußeren Welt vergessen. Von unserer Seele entfremdet, haben wir auch die Schöpfung ihrer tieferen Bestimmung entfremdet. Und weil wir der Welt ihre heilige Natur absprechen, stirbt sie allmählich.

Das wahre alchemistische Werk besteht darin, die Schöpfung aus dieser Gefangenschaft zu befreien – das Leben zu seinem Sinn aufzuwecken. Wir müssen das Licht befreien, das in uns und in der Welt ist. Ein transzendentes Bild des Göttlichen gibt uns nur Zugang zu einem transzendenten Licht. Wir brauchen das Licht, das in der Materie verborgen ist, das Gold, das im Blei ist. Wenn dieses Licht im Leben lebendig wird, kann es die Muster der Schöpfung verändern und die Formen der Zukunft schaffen, die das Leben wieder in Harmonie bringen werden. Es kann dann seine vereinigende Qualität manifestieren. Die Alchemisten wussten um die Beschaffenheit dieses Lichts:

> Es ist der Vater eines jeden Wunderwerks
> in der gesamten Welt …
> Seine Macht ist vollkommen,
> wenn es in Erde übergegangen ist.[17]

Wenn diese Kraft in der Welt arbeitet, ist sie das Licht und die Macht des manifest gewordenen Göttlichen. Das Licht in unserer Psyche ist das Licht der *anima mundi*. In der Tiefe unserer selbst entdecken wir diese essenzielle Einheit. Das ist dasselbe Gewahrwerden wie die Erkenntnis des Yogi, dass das eigene wahre Wesen und unveränderliche Selbst (*atman*) das UNIVERSELLE SELBST (*Atman*) ist. Was in uns ist, ist in allem. Wenn wir diese Wahrheit erst einmal erfassen, treten wir aus den Parametern unseres individuellen Selbst heraus und werden uns der Macht bewusst, die in uns ist. Diese Veränderung im Bewusstsein ist ein sehr einfacher Schritt, der tiefgreifende Konsequenzen hat.

DIE WELT IMAGINIEREN

Momentan schläft die Welt, erleidet die Träume der Menschheit, die zu Alpträumen von Schändung und Verschmutzung geworden sind. In unserer Hybris haben wir vergessen, dass die Welt mehr ist als unsere kollektiven Projektionen, dass sie geheimnisvoller und außergewöhnlicher ist, als unser rationaler Verstand uns weismachen möchte. Die Quantenphysik hat eine fluide und nicht voraussagbare Welt entdeckt, in der Bewusstsein und Materie nicht getrennt sind – ob sich ein Lichtphoton als Teilchen oder als Welle verhält, hängt vom Bewusstsein des Beobachters ab. Aber wir verharren in den Vorstellungen der Newtonschen Physik, wo Materie tot, bestimmbar und fest ist und Bewusstsein fein säuberlich von der physischen Welt geschieden wird. Materie und Geist bleiben auf diese Weise getrennt, und wir setzen weiter die patriarchale Phantasie fort, wir hätten die Kontrolle über unsere Welt.

Wie wir bereits gesehen haben, ist die physische Welt nicht immer als so getrennt von uns erlebt worden. Viele Kulturen haben sich vielmehr mit der Beziehung zwischen den Welten befasst. In der Vorstellung des Mittelalters war die physische Welt nur ein Glied in der Großen Kette des Seins. Die Kathedralen des Mittelalters verkörperten die symbolische und geometrische Beziehung zwischen den verschiedenen Gliedern; so versinnbildlichte zum Beispiel das Labyrinth unsere Reise durch die Welt und das Rosenfenster widerspiegelte eine höhere Wirklichkeit des Lichts. Im Sufismus von Ibn ʻArabī sah man die Welten als durch die symbolische Welt der Imagination verbunden, die als Brücke oder »Mittler zwischen der Welt des Mysteriums (*ʻālām al-ghayb*) und der Welt des Sichtbaren (*ʻālām al-shahadat*)« fungiert.

In ihren Retorten und Schmelztiegeln arbeiteten die Alchemisten nicht nur mit den chemischen Substanzen, sondern auch mit den inneren Energien des Lebens. In ihren symbolischen Schriften beschreiben sie beides: das Mischen von Tinkturen und die alchemistische Hochzeit von König und Königin, die Vereinigung von Sonne und Mond. Die Alchemisten nahmen ihr Werk ernst; sie wussten um die wirkliche Verantwortung, die damit verbunden war.[18] Ihnen war klar, dass sie mit einer geheimen Substanz im Leben arbeiteten, mit »Mercurius« oder Quecksilber, einem Katalysator, der alles umwandelt, was immer er berührt. Die Weise, wie sich ihre Chemikalien veränderten und umwandelten, war ein Abbild dafür, wie das Leben durch die rechte Mischung von Elementen transformiert werden kann. Sie wussten, dass Materie und Geist nicht getrennt sind. Die moderne Wissenschaft entdeckt jetzt dasselbe. Trotzdem bleibt es für uns immer noch ein großes Mysterium, wie die inneren Welten und die äußere Welt miteinander in Beziehung stehen und wie unser Bewusstsein die physische Welt beeinflusst.

Wenn wir erst einmal unser sicheres Konzept einer getrennten, statischen und definierten Welt aufgeben, öffnen wir uns einer dynamischeren Wirklichkeit, in der das Leben ein Energiefeld ist, mit dem unser Bewusstsein und unser Unbewusstes interagieren: ein pulsierendes Netz Indras, das die Seele unaufhörlich webt, durch das unser Bewusstsein Form annimmt und unsere Träume ins Dasein kommen.

DIE ANIMA MUNDI BEFREIEN

Wir brauchen die magischen Kräfte in der Natur, um unsere Welt zu heilen und zu transformieren. Doch diese Kräfte wachzurufen, würde bedeuten, dass unsere patriarchalen Institutionen ihre Kontrolle verlieren, sobald die geheimnisvolle innere Welt wieder ins Spiel kommt und Kräfte freisetzt, die früher die Priesterinnen und Schamanen kannten und nutzten, deren Existenz die patriarchale Welt jedoch vergessen hat. Die Wissenschaft der Zukunft wird mit diesen Kräften arbeiten, die Zusammenhänge zwischen den verschiedenen Welten erforschen und die Energien der inneren Welt in der äußeren nutzen. Schamane und Wissenschaftler werden zusammenarbeiten und die Weisheit der Priesterin und die des Arztes ihre alte Verbindung erneuern.

Zuallererst geht es jedoch darum, diese Kräfte zu erwecken, und zwar nicht nur individuell, sondern für die ganze Welt. Wir sind auf dem Weg in ein globales Zeitalter, und alle wirklichen Veränderungen müssen global geschehen. Wenn wir versuchen, uns der Kräfte für unseren eigenen, individuellen Gebrauch zu bemächtigen, riskieren wir, in die schwarze Magie abzugleiten, den Missbrauch innerer Kräfte für die Zwecke des Ego. Unser nächster Schritt in der Evolution ist die Erkenntnis der ursprünglichen Wahrheit der Einheit und die Wiedervereinigung unseres individuellen Lichts mit dem Ganzen.

C.G. Jungs bahnbrechende Arbeit hat uns Zugang zur Wissenschaft der Alchemie verschafft und diesen verborgenen Teil der westlichen esoterischen Tradition aufgedeckt. Es wurden psychologische Methoden entwickelt, die uns unterstützen, eine innere Welt der Energie, der Kraft und des kreativen Potenzials freizulegen. Wir brauchen nicht länger in einer Oberflächen-Welt eingeschlossen zu bleiben. Doch bisher tendierten wir dazu, diesen Zugang nur für unser individuelles Selbst zu nutzen, für unsere eigene innere Reise, und nicht die größeren Auswirkungen einzubeziehen.

Wahre alchemistische Arbeit stand immer im Dienst des Ganzen. Auf unserer inneren Reise, in unserem eigenen alchemistischen Prozess bedeutet diese Arbeit zum Wohl des Ganzen, die Dimension der *anima mundi* bewusst anzuerkennen. Das Licht, das wir in unseren eigenen Tiefen entdecken, ist ein Funke der Weltseele, und die Welt benötigt dieses Licht, um sich weiterzuentwickeln. Wenn wir diese Verbindung in unserem Bewusstsein und unserer Imagination herstellen, beginnen wir das Gewebe des Lebens zu verändern. Die Alchemisten wussten um die Potenz dieses Funkens, dieses philosophischen Quecksilbers. Dieselbe Substanz, die unser individuelles Selbst transformiert, ist der ursprüngliche welterschaffende Geist, das »universale und funkelnde Feuer im Licht der Natur, das den himmlischen Geist in sich trägt«. Wenn wir dies in uns befreien, es aber nicht allein für uns selbst, also nur für unseren eigenen inneren Prozess beanspruchen, schaffen wir bestimmte Verbindungen, durch die diese Energie in das Innerste des Lebens fließen kann. Wir beteiligen uns dann an dem alchemistischen Werk, die *anima mundi* zu befreien. Das ist der erste Schritt dieser Arbeit.

Was bedeutet das wirklich, die *anima mundi* zu befreien? In unserem individuellen alchemistischen *opus* erfahren wir, wie es sich auswirkt, wenn wir das Licht, die Energie und das schöpferische Potenzial freisetzen, das in uns liegt. Wir wissen, wie diese Befreiung unsere Sicht und Erfahrung des Lebens radikal verändern kann. Wir werden in eine andere Dimension unseres Selbst gebracht, und das Leben beginnt magisch Türen zu öffnen, die zuvor verschlossen oder verborgen waren. Natürlich sind diese Veränderungen nicht immer so, wie wir sie gern hätten – sie erfüllen nicht unsere oberflächlichen Wünsche, aber sie haben einen tieferen Sinn und Zweck. Etwas in uns erwacht, und das Leben des Geistes beginnt. Die Alchemisten verstanden den einzelnen Menschen als Mikrokosmos des Ganzen und kamen so zu der Auffassung, dass das, was für jeden von uns geschehen kann, auch für die Welt geschehen kann.

Sobald das Licht der Seele zurückkehrt, beginnt eine graue Welt voller Mühsal zu funkeln; die vielfältigen Qualitäten der Schöpfung werden dann sichtbar. Statt der endlosen Jagd nach Vergnügen ruft uns jetzt das Leben zur Suche nach dem Sinn: Die Farben des Lebens sprechen zu uns, erzählen uns ihre Geschichte, singen uns ihr Lied. Die Musik im Leben kehrt zurück, eine Musik, die die lebendige Schöpfung ist. Ein wirklicher Dialog zwischen unserem inneren Selbst und unserem äußeren Leben entfaltet sich, indem wir unmittelbar an dem sich enthüllenden Mysterium des lebendig werdenden Lebens teilhaben: Es wird in uns selbst und in der Welt lebendig. Im Licht der Seele lösen sich die Barrieren zwischen Innerem und Äußerem auf, und wir müssen nicht länger unter der Oberfläche graben, um vielleicht einen Anschein von Lebenssinn zu finden.

Das zur *anima mundi* zurückkehrende Licht der Seele wird uns aus dem Würgegriff des Materialismus befreien, weil es uns zu anderen Qualitäten im Leben erweckt, uns andere Träume gibt, denen wir folgen können. In diesem Licht werden wir das Leben anders wahrnehmen, wird eine andere Welt sichtbar werden. Wenn Materie tot ist und die Seele schläft, sind wir leicht durch die Attraktionen des Materialismus zu verführen: Wir sehen nichts anderes, was uns erfüllen könnte. Aber wir kennen es von unserer eigenen Reise, wie wir plötzlich zu einer anderen Wirklichkeit erwachen, die immer schon da war und trotzdem vor unserem Blick verborgen, eine Welt, die nicht dem Kaufen und Verkaufen angehört, sondern dem Mysterium der Seele. Dann kehrt ein Gefühl des Staunens und der Ehrfurcht zurück. Dasselbe kann der Welt geschehen. Wir sehnen uns danach, an einem Leben teilzuhaben, das multidimensional und voller Schönheit ist, statt nur unseren eigenen Vergnügungen nachzujagen. Wer möchte nicht von der Lust zur Liebe umkehren? Das Licht der Seele ist der Geist in der Materie, der das Leben zum

Tanzen bringt. Er erweckt uns zu der einfachen Freude an dem, was ist:

> Ich danke Dir Gott für diesen höchst erstaunlichen Tag:
> für die Lebensgeister, die springenden, grünenden
> der Bäume und einen blauen wahren Traum von
> Himmel; und für alles, was natürlich ist, was
> unendlich, was Ja ist.
>
> (Ich, der ich gestorben bin, heute lebe ich wieder
> Und es ist dies der Sonne Geburtstag, es ist dies
> der Tag der Geburt des Lebens und der Liebe und
> Schwingen: und dem frohen großen, grenzenlosen
> Geschehen Erde).[19]

Dies ist die Welt, in die wir ursprünglich hineingeboren wurden. Selbst unsere Straßen in den Städten und unsere Einkaufszentren sind auf eine Art lebendig, die uns jetzt noch verborgen ist. Die Schöpfung funkelt in so vielerlei Weise, obwohl ihr Farbspektrum im Augenblick nur zum Teil sichtbar ist. Wir haben uns mit dem Materialismus ein Gefängnis geschaffen, aber das ist nur eine Illusion. Wenn wir das Leben zu uns sprechen lassen, wird es uns zeigen, wie wir diese Tür aufschließen, diese Wände einreißen und diesen Albtraum auflösen können. Es gibt Kräfte im Leben, die mächtiger sind als unsere Konzerne und Politiker. Und diese Kräfte halten sich nicht an die von uns geschaffenen Regeln. Mit Gelächter und aufblitzendem Schabernack können sie unser Leben umgestalten.

Derzeit schläft unsere Welt noch. Ihre magischen Kräfte ruhen größtenteils, sind aber da und warten darauf, für die Transformation der Welt genutzt zu werden. Wir haben Wunder auf die Sicherheit kleiner Ereignisse beschränkt, aber die ganze

Welt ist wundervoll. Wir sprechen zwar über das »Wunder des Lebens«, packen dieses Wunder jedoch in den sicheren Rahmen unserer Erwartungen. Wir wagen es nicht zu erkennen, dass ein wirkliches Wunder das Unerwartete ist, das Erwachen des Göttlichen im Leben. Wir versuchen vielleicht sogar diese Dimension, die reine Freude und Licht ist, abzublocken, um innerhalb der Grenzen unseres Ego und unserer Erwartungen zu bleiben. Aber das zu tun, bedeutet, der Schöpfung ihre Göttlichkeit abzusprechen, zu verleugnen, dass es eine göttliche Intelligenz gibt, die die Welt fortwährend nach göttlichen Prinzipien, die unser rationales Verstehen übersteigen, neu erschafft.

Auf unserer individuellen inneren Reise bekommen wir allmählich kurze Einblicke in das Wirken unserer Seele, sehen, wie sie dabei ist, unser äußeres Leben auf oft wundervolle Weise zu erschaffen und zugleich unser inneres Selbst neu ordnet. Wenn wir uns vom Ego abwenden und uns der Seele zukehren, erkennen wir mehr von ihrer Macht und ihrer Bedeutung. Ihr Licht ist das ordnende Prinzip in unserem Leben; es kann aus den unterschiedlichsten Aspekten unserer Psyche Harmonie schaffen und das Mandala des Selbst ins Dasein bringen. Durch das Wirken der Seele wird unser äußeres Leben nach und nach mit unserem inneren Selbst in Balance gebracht. Das gilt genauso für die Welt.

Die *anima mundi* ist das ordnende und kreative Prinzip in der Schöpfung. Ohne ihre Gegenwart erfahren wir nur die widerspenstigen Elemente unseres Ego – die Gier, die Unsicherheit, die Ängste und die Machtdynamiken, die in unserer derzeitigen Landschaft so deutlich zutage treten. Ist ihr Licht erst erwacht, kann sie die Welt in Harmonie und Gleichgewicht bringen. Die Alchemisten kannten diese einfache und radikale Wahrheit: Es ist das in der Materie verborgene Licht, das die Welt erlösen wird. Deshalb ist es so absolut notwendig, dass wir uns wieder mit dem Licht des Heiligen in uns und in der Erde verbinden.

Die Sonne Seines Lichts ist in den Herzen aufgegangen.
Sie scheint, und es gibt für sie keinen Untergang.

Al-Hakīm at-Tirmidhī [1]

6
DAS LICHT DES HERZENS

DAS SPIRITUELLE WISSEN DES HERZENS

Dieses Buch erzählt die Geschichte von vielen Verbindungen, vom Hinaustreten aus der Abgeschlossenheit unseres individuellen Selbst in die multidimensionale Wirklichkeit um uns herum mit all ihren Mustern der Vernetzung. Wenn wir beginnen, zu unserer natürlichen Verbindung mit der Erde zurückzukehren, zeigen sich uns allmählich die Beziehungen zwischen den Welten und wir können uns wieder mit der Seele der Welt, dem Licht des Heiligen in der Schöpfung, verbinden. Die einfachste und direkteste Weise diese Verbindungen herzustellen, mit der göttlichen Einheit, die uns überall umgibt, wieder in Verbindung zu kommen, geschieht über das Herz. Damit ist nicht das physische Herz gemeint, das das Blut durch unseren Körper pumpt, sondern das spirituelle Herz, durch das die Liebe in unser Leben und in die Welt kommt.[2]

Die Liebe ist etwas so Einfaches und Geheimnisvolles, ein Gefühl, eine Kraft, eine Schwingung. Sie ist die Essenz unseres Daseins, die Energie hinter allem, das existiert. Und doch ist sie so subtil, dass sie sich nur schwer beschreiben lässt. Wir wissen, wie es ist, wenn die Liebe fehlt, es mangelt dann an Wärme und es herrscht eine graue Trostlosigkeit. Dadurch verliert das

Leben eine wesentliche Substanz, ein spezielles Leuchten. Aber wenn die Liebe da ist, wie soll man sie in Worte fassen? Ist sie Leidenschaft, Güte, Fürsorge, die Zärtlichkeit einer Berührung? Sie ist nicht einfach nur ein Gefühl, sondern eine Energie, die uns in eine tiefere Beziehung zu anderen und zum Göttlichen nimmt. Und sie ist eine Macht, die unser Herz zum Licht hinwendet und die heilen und umwandeln kann. Wahre Liebe ist Freiheit und Einheit und Zugehörigkeit, und man findet sie im Herzen.

Die Liebe ist die einfachste Essenz des Lebens und wir brauchen ihr Bewusstsein und ihre Macht für die individuelle und globale Transformation. Das Zentrum dieses transformativen Bewusstseins ist im Herzen. Wollen wir unser spirituelles Potenzial leben und voll und ganz in dieser Zeit des Übergangs mitwirken, müssen wir die mystische Wissenschaft des Herzens kennen. Dann können wir lernen, dieses spirituelle Organ als Mittel zur globalen Heilung und zum Erwachen zu nutzen.

Das menschliche Herz ist ein multidimensionales Organ des spirituellen Bewusstseins und des Lichts. Und da der Mensch ein Mikrokosmos der gesamten Schöpfung ist, hat auch die Welt ein Herz des spirituellen Bewusstseins und des Lichts. Im Innersten ist das menschliche Herz eins mit dem Herzen der Welt und macht dadurch unser individuelles Herz zum Tor zur Liebe und zum göttlichen Geheimnis des Ganzen. Indem wir in die Kammern unseres Herzens eintreten, bekommen wir Zugang zum göttlichen Bewusstsein der Welt und können damit arbeiten. Wir können dann lernen, die Liebe zu leben, welche die Welten zusammenhält.

Die Geheimnisse der Liebe, die Wissenschaft vom Herzen wurden über die Jahrhunderte von den esoterischen Lehren verschiedener mystischer Traditionen aufgezeigt. Besonders der Sufismus hat umfassende Studien über das menschliche Herz und seine spirituelle Natur betrieben und darüber hinaus erschlossen, wie das spirituelle Organ innerhalb des Herzens den Reisenden transformiert und erweckt und zu einem vollständigeren spirituellen Gewahrsein, einem tieferen Eintauchen in das göttliche Licht führt, bis sich alle Spuren des Getrenntseins auflösen »wie Zucker in Wasser«. Wanderer auf dem Sufi-Pfad haben die Reise ins Innere kartographiert, indem sie beschreiben, wie das Erwachen der einzelnen spirituellen Zentren unser Bewusstsein erweitert und uns dadurch von dem begrenzten Horizont unseres eigenen Ich weg und in den grenzenlosen Ozean göttlicher Liebe führt – dieses uferlose Meer, wo »Schwimmen immer im Ertrinken endet«.

Ein Großteil dieses Wissens über die spirituelle Natur des Herzens konzentriert sich auf diese innere Reise des Wanderers. Es gibt jedoch eine andere Dimension der Wissenschaft vom Herzen, die bisher geheim gehalten worden ist. Dabei geht es darum, wie das Herz des Einzelnen spirituell mit dem Gesamt des Lebens interagieren kann – um die Verbindung von unserem Herzen und dem Herzen der Welt. Im Herzen sind alle verschiedenen Ebenen der Wirklichkeit miteinander verbunden, und hier fließt das Innere direkt ins Äußere.

Entscheidend für diese neue Dimension unseres Bewusstseins ist die Erkenntnis, wie sehr der Mensch ein Mikrokosmos des Ganzen ist. Beginnen wir diese Beziehung zu erfassen, wird sich unsere Wahrnehmung des spirituellen Lebens und wie wir dienen können, verändern. Wir begreifen dann, wie unsere Liebe helfen kann, die Erde zu heilen und zu transformieren. Das ist ein wesentlicher Teil des wahren spirituellen Aktivismus.

DER EINZELNE MENSCH ALS MIKROKOSMOS

Dieses Wissen, das zur kommenden Ära gehört, spiegelt wider, wie der Einzelne als ein Mikrokosmos des Ganzen wirkt und wie das Herz als direkter spiritueller Mittler zwischen dem Einzelnen und dem Ganzen fungiert. Die Schlüsselrolle des Menschen als Mikrokosmos der Schöpfung findet sich in der westlichen Spiritualität in der Tradition der Alchemie. Für die Alchemisten ist der Mensch »ein Abbild der großen Welt und wird als Mikrokosmos oder kleine Welt bezeichnet«.[3]

Im Sufismus heißt es, dass jeder Mensch »im Ebenbilde Gottes geschaffen« ist. Ibn ʿArabī erläutert, wie das *hadīth* »Gott schuf Adam nach Seinem Bilde« sowohl für den großen Adam gilt, der der Kosmos in seiner Gesamtheit ist, wie auch für den kleinen Adam, der der Mensch und der Mikrokosmos ist. Er führt aus:

> »ER gab in den Menschen jede Seiner Eigenschaften ebenso wie Er all Seine Eigenschaften in den Kosmos gab«. Und die drei grundlegenden Welten des Makrokosmos – die spirituelle, die imaginale und die physische – sind im Menschen durch den Geist (*rūh*), die Psyche-Seele (*nafs*), und den Körper (*jism*) repräsentiert.[4]

Zur esoterischen Bedeutsamkeit der Beziehung zwischen Makrokosmos und Mikrokosmos gehört, auf welche Weise die spirituellen Zentren im einzelnen Menschen dem Gesamt der Schöpfung mit ihrem spirituellen wie auch physischen Körper entsprechen. Wollen wir die Beziehung von Mikrokosmos und Makrokosmos erforschen, müssen wir erst einmal anerkennen, dass die Erde in ihrer Gesamtheit ein lebender spiritueller Körper ist. Dann können wir verstehen, dass die Beziehung von Mikrokosmos und Makrokosmos nicht allein der äußeren, physischen Welt zugeordnet werden darf, sondern auch alle Welten, »die spirituelle, die imaginale und die physische« mit einschließt. Wir sehen dann auch, wie die spirituellen Zentren des einzelnen Menschen, insbesondere das Herz mit seinen Kammern, wesentlich für diese Beziehung sind.

Das Herz ist ein Tor zwischen den verschiedenen Ebenen der Wirklichkeit, und es existiert sowohl in der physischen Welt wie auch in dem Reich der Seele, dem Reich der reinen Liebe. Das Herz eines erwachten Menschen hat unmittelbar Zugang zum Herzen der Welt. Wir können jedoch diese Verbindung, diese Wesensverwandtschaft nicht in Anspruch nehmen, solange wir davon ausgehen, wir seien vom Gesamt der Schöpfung getrennt. Erst wenn wir zur Einheit erwacht sind, von der wir alle Teil sind, kann diese Verbindung lebendig werden und das Herz als ein dynamisches spirituelles Zentrum wirken, in dem verschiedene Ebenen der Wirklichkeit aufeinander eingeschwungen werden.

Diese Ausrichtung ermöglicht es dem Einzelnen, unmittelbar auf das Ganze einzuwirken, so wie das Herz auf den ganzen Menschen einwirkt. Wenn wir die göttliche Liebe im Herzen verspüren, jubiliert der ganze Körper. Nichts ist ausgeschlossen, weil der ganze Mensch direkt von der reinen Substanz göttlicher Liebe genährt wird. Sobald wir die Entsprechung zwischen dem Herzen eines einzelnen Menschen und dem Herzen der Welt erfassen, offenbaren sich uns die Geheimnisse, wie sich ein erwachtes Herz unmittelbar auf die Erde auswirken kann und diese Verbindung des Herzens zum Wohle des Lebens zu nutzen ist – wie wir dazu beitragen können, dass die Liebe ins Leben fließt.

DIE KAMMERN DES HERZENS

Das Herz ist das spirituelle Zentrum des Menschen. Es ist die Heimstatt des Höheren Selbst, unserer göttlichen Natur. »Diese Person im Herzen, nicht größer als ein Daumen, bekannt als der Erschaffer von Vergangenheit und Zukunft … Das ist das SELBST.«[5]

Als Wohnstätte des SELBST ist das Herz der Ort, an dem sich unser spirituelles Leben entfaltet, an dem wir uns zur inneren Wirklichkeit des Lebens öffnen und den wahren Sinn der äußeren Welt erkennen. Hier im Herzen ist es auch, dass sich Mikrokosmos und Makrokosmos treffen. Durch das Herz können wir die unendliche Natur unseres wahren SELBST erfahren, das sowohl individuell als auch universal ist. Das SELBST *ist* das Ganze, und deshalb haben wir im Innern des Herzens direkten Zugang zum Ganzen.

Das Herz ist auch der Ort, an dem die Energiestruktur der Erde und die Energiestruktur oder der spirituelle Körper eines Menschen unmittelbar zusammenkommen. Durch das Herz können wir am wirkungsvollsten mit dem spirituellen Körper der Erde arbeiten, so wie wir durch unser Herz am besten mit unserem eigenen spirituellen Körper arbeiten können.

Wie arbeiten wir mit dem Herzen um des Ganzen willen? Wie können wir das Herz als ein Instrument nutzen, die spirituelle Evolution der Erde zu fördern? Die einfachste Antwort ist Liebe.

Unsere Liebe für die Erde, für dieses leidende Wesen, das uns das Leben geschenkt hat, verbindet unser Herz und das Herz der Welt. Durch diese Verbindung können Heilung und transformative göttliche Macht einfach und direkt dahin fließen, wo sie gebraucht werden.

Es gibt, wie einige Sufi-Schulen erforscht haben, verschiedene Kammern oder spirituelle Zentren innerhalb des Herzens, wobei jedes Zentrum mit jeweils unterschiedlichen Dimensionen der inneren Welt und unterschiedlichen Bewusstseinsebenen zusammenhängt.

Bereits im 9. Jahrhundert schrieb al-Hakīm at-Tirmidhī das *Traktat über das Herz*, in dem er zwischen vier verschiedenen Kammern des Herzens unterscheidet: die Brust (*sadr*), das Herz (*qalb*), das innere Herz (*fu'ād*), und das innerste Herz, der Universale Intellekt (lubb). At-Tirmidhī beschreibt die verschiedenen Eigenschaften spiritueller Erkenntnis – die verschiedenen Lichter –, die zu den jeweiligen Kammern gehören. So heißt es über die allerinnerste Kammer, dass sie »das Licht der Einswerdung und das Licht der Kontemplation der Einzigkeit Gottes«[6] birgt.

Über Jahrhunderte haben sich die Sufis in ihren Lehren mit der esoterischen Natur des spirituellen Herzens auseinandergesetzt und ergründet, welche Rolle das Herz in der spirituellen Entwicklung eines Menschen spielt. Im 9. Jahrhundert schuf Junaid den Begriff von den *latā'if* oder feinstofflichen spirituellen Zentren oder Organen der Erkenntnis innerhalb des Herzens.[7] Später entwickelten dann Sufi-Meister ein Modell von den *latā'if* als den fünf Zentren oder Rezeptoren, für die aus noch feineren kosmischen Reichen kommende göttliche Energie.[8] Wie die spirituelle Wissenschaft von den *latā'if* darlegt, korrespondieren diese verschiedenen Zentren im Herzen mit verschiedenen Dimensionen der inneren Welt. Indem der Wanderer ein bestimmtes Zentrum im Herzen oder *latīfah* aktiviert, kann er in das zugehörige innere Reich reisen.

Die Sufi-Meister entwickelten Übungen und Meditationen für die Arbeit mit der Energie des Herzens, wobei sie unterschiedliche *dhikr* und Meditationen für die jeweiligen *latā'if* verwendeten. Traditionell gelangt dann der Schüler im Laufe seines spirituellen Lebens allmählich von einer Stufe zur nächsten, wobei ihm jedes *latīfah* eine jeweils andere Ebene der Wirklichkeit mit dem entsprechenden Licht und der entsprechenden spirituellen Energie erschließt.

Auf jeder Stufe gehört es zur Entwicklung zu erlernen, so mit der jeweiligen Energie umzugehen, dass sie ungehindert durch einen Menschen hindurchfließt und Licht und Liebe dahin gelangen, wo sie für seine Entfaltung gebraucht werden. Schließlich lösen sich im Herz der Herzen alle Unterscheidungen zwischen Liebendem und Geliebten auf, und es gibt nur noch das göttliche Licht, das durch den Menschen hindurchscheint.

DIE WELT NÄHREN

Es gibt eine mystische Lehre darüber, wie das Herz eines erwachten Menschen auf die Energiestruktur der Erde ausgerichtet und benutzt werden kann, das Leben zu erwecken und zu nähren. Obwohl es so aussieht, als sei die mystische Reise eine Abkehr von der Welt, nimmt sie in Wirklichkeit das Leben in seiner innersten Essenz an. Die Mystiker können von diesem zentralen Standort aus direkt mitwirken, das Leben zu verändern und ihm zu helfen, sich weiterzuentwickeln. Sie haben schon immer diese Rolle innegehabt, doch Jahrtausende lang ist dies im Geheimen geschehen, verborgen sogar vor den spirituell Praktizierenden.

Das Herz ist im Zentrum des Menschen und von daher im Zentrum des Lebens. Weil das Herz ein Mikrokosmos des Ganzen ist, kann es direkt zur Seele der Welt sprechen. Es kann helfen, den Schmutz fortzuräumen, der die Welt bedeckt, und die Welt durch die Liebe zu reinigen, auf dass sie heller und strahlender leuchtet. Ein erwachtes Herz kann dafür eingesetzt werden, das Leben von negativen Mustern und Einstellungen zu befreien.

Diese Lehre basiert darauf, dass das Herz naturgemäß auf der Ebene der Einheit, in der Dimension des SELBST arbeitet. In dieser Dimension der Einheit, zu der wir Zugang über das Herz bekommen, ist alles in jedem Augenblick gegenwärtig, und es gibt da keine Begrenzungen durch Zeit und Raum. Das bedeutet, dass wir im Herzen frei sind, an dem Ort zu sein, wo wir gebraucht werden. Die Liebe fließt dann unmittelbar von der QUELLE, und unser inneres Licht kann direkt und unbeeinträchtigt von der Dunkelheit der physischen Welt dahin gehen, wo es dem Leben in den inneren und äußeren Welten dient. Dieses Potenzial kommt in den spirituellen Praktiken zur globalen Heilung zum Tragen, bei denen man die ganze Welt in sein Herz nimmt und sie dort mit Licht und Liebe nährt. Wenn es nötig ist, kann man dann noch seine Aufmerksamkeit und Liebe ganz bewusst zu den Orten der Dunkelheit und des Leids lenken, wo Kriege oder Hungersnöte herrschen.

Anerkennen wir diese Beziehung von Makrokosmos und Mikrokosmos innerhalb der Einheit des Lebens, wird sichtbar, welchen Schmerz wir mit unserem Gottvergessen, mit unseren Einstellungen und Handlungen der Seele der Welt zugefügt haben. Unsere kontinuierliche Ausbeutung und Gier haben die inneren Strukturen aus Licht und Liebe, die unseren Planeten nähren, zerstört; wir haben in den inneren Welten dunkle Wolken geschaffen, die das Licht vor uns verbergen. Unsere Werte wirken sich global aus – nicht nur auf unser physisches Ökosystem, sondern auch auf den spirituellen Körper der Erde.

Wir fangen gerade erst an, Verantwortung für die Auswirkungen unserer Handlungen in der äußeren, physischen Welt zu übernehmen. Doch viele Menschen fühlen auch den Schaden, der in der inneren Welt angerichtet worden ist – sie leiden an einem Verlust des Sinns, an einem Mangel an Freude und Hoffnung, an tiefer Trauer – und wissen nicht den Grund dafür. Die Seele der Welt schreit danach, gerettet zu werden. Es ist jetzt die Verantwortung spirituell erwachter Menschen, diese Hilferufe zu hören und darauf zu antworten, indem sie zulassen, dass ihre Herzen für diese Arbeit benutzt werden.

Wir wissen, wie wesentlich die Liebe für unser eigenes Leben ist, wie sie uns in unseren tiefsten Tiefen nährt. Die Liebe der Mutter für ihr Kind ist etwas Grundlegendes für das Leben. Dieses Band schafft ein Gefühl der Zugehörigkeit und eine Qualität von Sicherheit, die für das ganze Leben tragend sein kann. Durch das Licht und die Wärme der Liebe wachsen wir und entfalten uns und können unser wahres Potenzial als Menschen verwirklichen. Die Liebe hilft uns in unserer Entwicklung durch alle Lebensstadien, von der Kindheit zur Partnerschaft und Elternschaft.

Eines der Wunder auf dem Pfad ist, wie wir unmittelbar von der QUELLE geliebt werden und die göttliche Liebe im Herzen erfahren können. Das ist eine Liebe, die in kein Beziehungsmuster und in keine Dynamik der Projektionen verstrickt ist. Es ist reine Liebe, die von den inneren Ebenen ins Herz fließt. Sie kommt durch die Kammern des Herzens, verbindet Liebenden und Geliebten und nährt uns auf Weisen, die jenseits unserer Vorstellungen liegen. Sie öffnet uns zur Wirklichkeit der göttlichen Gegenwart und erweckt uns zum wahren Sinn unseres Lebens. Und sie verwandelt uns auch, indem sie spirituelle Energiezentren und unsere höheren Bewusstseinszentren aktiviert.

Was für den Einzelnen gilt, gilt auch für die gesamte Schöpfung. »Im gesamten Universum gibt es nur zwei: den Liebenden und den Geliebten. Gott liebt Seine Schöpfung, und die Seele liebt Gott.«[9] Durch das Herz vermag diese Liebesverbindung alle Ebenen des Seins zu nähren. Manchmal erfahren wir das unmittelbar, wenn eine Süße oder Energie der Liebe durch unser Herz zu einer Person fließt, mit der wir zusammen sind. Doch die Liebe strömt durch ein erwachtes Herz zur gesamten Schöpfung hin – zu den Bäumen und dem Gras, zu den Steinen und den Flüssen –, weil alles hungrig nach dieser Liebe ist. Die ganze Welt ist eine Liebende, die auf den Geliebten wartet.

Das ist das allerschönste Gespräch mit dem Leben: diese Liebe, die durch alles fließt und von dem wahren Geheimnis der Schöpfung erzählt. Die Bäume sprechen mit dem Wind, mit den Vögeln und mit dem Regen, so wie die Sonne mit uns allen spricht. Es erzählt von der großen Zugehörigkeit – zur QUELLE und zur Seele. Nichts ist ausgeschlossen, denn in der Liebe gibt es nichts »anderes«.

Die Liebe kommt in die physische Welt und lässt die Atome der Schöpfung im Gottgedenken wirbeln. Die Liebe kommt auch von der QUELLE in die inneren Reiche, in die imaginale oder archetypische Welt der Primärenergien des Lebens und in die Welt der Seele.[10] Die Archetypen, die Götter und Göttinnen der alten Welt, brauchen unsere Liebe und Beachtung, was inzwischen auch einige psychologische Richtungen erkennen. Diese Urkräfte, die das Fundament des Lebens sind, antworten auf die Liebe und wandeln sich manchmal von wütenden Wesen in hilfreiche und unterstützende Kräfte, wie das in zahlreichen Märchen und Geschichten indigener Völker geschildert wird.

Die Liebe kann die Archetypen von negativen Mustern und Blockierungen befreien, die den nutzbringenden Fluss ihrer Energien behindern. Die Schamanen arbeiten traditionell in der imaginalen oder archetypischen Welt und wissen, wie wichtig es ist, diesen Kräften mit Aufmerksamkeit, Respekt und Liebe zu begegnen. Da die Liebe eine so machtvolle transformierende Kraft ist, kann sie direkt auf diese inneren Energien einwirken und sie zu einem höheren und schöpferischeren Potenzial erwecken.

Viele Jahre lang habe ich in der inneren Welt direkt mit den Archetypen gearbeitet und die Veränderungen miterlebt, die Liebe und Aufmerksamkeit bewirken können. Ich sah, wie es möglich war, öde, ausgedörrte innere Landschaften mit den Samen der Hoffnung zu bepflanzen, die dann in Liebe gehegt wurden, und wie daraus ein Obstgarten mit Früchten erwuchs, die die Seele nährten und Freude ins Leben brachten. Ich traf auf eine Frau, deren Tränen sie hatten erblinden lassen, so dass sie nicht mehr sehen und sich um ihre Kinder kümmern konnte. Durch die Liebe gewann sie allmählich ihr Augenlicht zurück und gesundete, und ihre Kinder waren nicht länger im Stich gelassen. Die Liebe brachte Magie und Heilung in die innere Welt, und das Lied der Zukunft wurde lebendig. Das Kind mit den Sternenaugen kam, mich zu begrüßen und mir die Morgendämmerung zu zeigen, die auf die Menschheit wartet. Ich sah, wie ein neues Gebet gegeben wurde, das auch ein der Sonne sich öffnender Same war. Die Liebe vermag die innere Welt zu heilen, die von den Jahrhunderten des Rationalismus und des Vergessens misshandelt worden ist.

Die Liebe kann auch direkt die Seele heilen. Durch die Liebe können wir zur Seele eines Menschen und nicht nur zu seinem Ego oder seiner Persönlichkeit sprechen. Es gibt auch altüberlieferte Weisen, die Seele eines neugeborenen Kindes in dieser Welt willkommen zu heißen – Rituale des Herzens, die dafür sorgen, dass es sein wahres Wesen nicht vergisst und das Band zwischen Seele und Ich nicht durch die Erfahrungen im Leben zugedeckt oder gar durchtrennt wird, sondern es ein Leben lang nährt.

Und das Herz kann zu der Seele eines Erwachsenen sprechen und die Wunden heilen, die ihr durch das Gottvergessen unseres Ego und unserer Kultur zugefügt wurden. Manche Seelen sind durch Ereignisse in ihrem Leben verwundet – Tragisches, großen Kummer oder Handlungen, die Leid über andere gebracht haben. Durch das Herz kann Licht in die dunklen Wolken gegeben werden, die solch eine Seele einhüllen, was häufig als Depression erlebt wird. Da Sinn aus dem Innersten kommt, erscheint einem das Leben, wenn die Seele von solch einer Dunkelheit bedeckt ist, sinnlos: Wir haben dann das Licht der Seele verloren. Die Liebe kann es wieder zurückbringen.

DIE ARBEIT DER LIEBENDEN

Mit der Liebe zu arbeiten, bedeutet, dass wir vom Kern unseres Wesens aus auf die globale Notlage reagieren. Wir können es uns nicht länger leisten, uns in unsere spirituellen Praktiken oder unser persönliches Leben zurückzuziehen. Zum jetzigen Zeitpunkt sind wir aufgerufen, eine Verpflichtung für das Leben der Erde einzugehen. Einige sind aufgefordert, bei der Heilung Ihres Körpers zu helfen, indem sie dafür sorgen, die Giftstoffe zu verbannen, die Sie morden, die Ihre Arten und natürlichen Räume zerstören. Und einige von uns werden in die inneren Ebenen gezogen, um bei der Heilung Ihrer Seele zu helfen und Licht und Liebe in das Innerste Ihres Wesens zu bringen. Unser Beten, unsere Aufmerksamkeit und unser Lieben sind machtvoller, als wir denken.

Woher weiß das Herz, wie es antworten soll? Das Wunder des Herzens ist, dass es instinktiv weiß, wo seine Aufmerksamkeit und Liebe gebraucht werden, denn es beherbergt unsere höhere spirituelle Einsicht. Das Herz öffnet sich als Antwort auf einen Ruf. Und unser Herz kann unterscheiden, ob es um ein wahres Bedürfnis geht, so wie eine Mutter weiß, ob der Schrei ihres Kindes ein Schrei aus echtem Schmerz ist oder nur ein Fordern nach Aufmerksamkeit.

Die Liebe arbeitet über verschiedene Kammern des Herzens auf verschiedenen Ebenen, und zwar von der äußeren, physischen Welt zur innersten, wo des Lebens tiefstes Geheimnis verborgen ist. Über diese verschiedenen Mittler der Liebe kann der Liebende die Liebe dorthin bringen, wo sie gebraucht wird, um die verletzte Erde zu heilen und noch ruhende Energiezentren in der Welt zu aktivieren. Die Liebenden haben die transformative Eigenschaft göttlicher Liebe geschmeckt und wissen um ihr Potenzial. *Was dem einzelnen Menschen gegeben werden kann, kann auch der Welt gegeben werden.* Das ist eines der Geheimnisse der globalen Einheit, des neu entstehenden globalen Bewusstseins.

Mit unseren individuellen Gebeten, unserer Meditation und unserer Hingabe arbeiten wir daran, innerlich aufmerksam zu sein und uns mit der QUELLE zu verbinden. Achtsamkeit vermag uns in den gegenwärtigen Moment zu bringen, wo wir auf das Rufen des Lebens antworten können. Das Bewusstsein auf den Atem zu richten ist eine andere Methode, sich mit der QUELLE zu verbinden. Wenn wir uns auf den Grundrhythmus des Lebens einstimmen, fließt unsere Aufmerksamkeit beim Ausatmen von der inneren Welt der Seele in die Manifestation und kehrt beim Einatmen wieder zur QUELLE zurück. Ein *dhikr* oder ein *mantra* ist eine weitere Übung zur inneren Ausrichtung, da unser Bewusstsein auf einen göttlichen Namen oder Das, was er bezeichnet, eingeschwungen wird. Bei einer anderen Übung, die schon erwähnt wurde, nimmt man zu Beginn der Meditation oder des Betens die Welt ins Herz, was uns an die alles einschließende Natur unserer spirituellen Praxis erinnert.

Es kommt darauf an, zur Liebe zurückzukehren. Denn die Welt ist aus Liebe erschaffen worden und reagiert am unmittelbarsten auf die Liebe. Unsere Kultur begrenzt die Liebe auf das Persönliche, aber die Erde braucht unsere Herzen wie auch unsere Hände, um sie zu heilen. Wir müssen das Geheimnis unserer Liebe für die Erde wiedergewinnen, diese Verbindung im Herzen, die uns unmittelbar mit dem Herzen der Welt und der gesamten Schöpfung verbindet. Wir erleben das vielleicht, wenn wir in unserem Garten arbeiten, Samen mit Liebe in die Erde legen und warten, dass sie aufgehen, unsere Pflanzen mit Sorgfalt gießen, sie mit Kompost versorgen. Oder wir fühlen das, wenn wir einen verletzten Vogel vom Boden aufheben und uns um ihn kümmern, bis er wieder fliegen kann. Oder wenn wir kurz stehen bleiben und den Wolken am Himmel zuschauen, manchmal regnet es, manchmal kommt die Sonne durch. Lobpreisen und Danksagen, wie es unsere Vorfahren kannten, sind einfache Handlungen, die der Liebe helfen, in die Welt zu fließen.

SPIRITUELLE GRUPPEN

Eine spirituelle Gruppe kann ein machtvoller und heilender Organismus des Lichts und der Liebe in der Welt sein. Spirituelle Energie lässt sich durch eine Gruppe oder eine spirituelle Tradition in die Welt leiten. Eine Gruppe, die sich regelmäßig zu ihrer spirituellen Praxis trifft, hat ein Gruppenherz, das die Gruppe unterstützt und auch als Transportmittel für spirituelle Energie fungiert. Die Wirksamkeit dieses spirituellen Organs hängt von der Ernsthaftigkeit und dem Entwicklungsgrad ihrer Mitglieder ab und ob sie unter dem Schutz und der Führung eines spirituellen Lehrers oder einer spirituellen Lehrerin stehen. Diese Faktoren bestimmen auch das Energieniveau, das ihnen zugänglich ist. Die Mitglieder einer Gruppe unterstützen sich gegenseitig auf ihrer individuellen Reise, aber sie können auch, durch ihre Hingabe und gemeinsame spirituelle Absicht verbunden, für die Arbeit am Ganzen benutzt werden.

Jede Gruppe hat eine unterschiedliche Schwingung, die den Grad ihrer Mitwirkung und den Einsatzort in den äußeren und inneren Welten bestimmt. Manche spirituelle Gruppen dienen in der äußeren Welt, leisten Beistand durch Heilen oder verbessern die physischen oder sozialen Bedingungen im Leben der Menschen. Andere Gruppen arbeiten dicht bei der physischen Welt und helfen den Ätherleib der Erde zu heilen, während wieder andere Gruppen vielleicht in der archetypischen Welt oder der Welt der Engel wirken und noch andere tief im Inneren, sogar auf den Ebenen des Nichtseins, arbeiten.

Spirituelle Gruppen bilden Teil des spirituellen Körpers, des Lichtkörpers, der Erde. Aus dieser Perspektive betrachtet sind die Gruppen keine getrennten, unabhängigen Gebilde, sondern Teil eines organischen Lebewesens. Sie entwickeln sich da, wo der spirituelle Körper der Erde sie braucht, wo sich ihre Liebe und ihr Licht konstellieren müssen. Im Lauf der Weltgeschichte haben sich spirituelle Energie und Aktivität an unterschiedlichsten physischen Orten konzentriert. In den noch nicht lange zurückliegenden Jahrhunderten sind Indien und Tibet der Schauplatz vieler spiritueller Arbeit gewesen, während die Blütezeit des Sufismus in der ersten Hälfte des letzten Jahrtausends eine spirituelle Konzentration im Mittleren Osten zeigt, obwohl Dschingis Khan und seine Mongolenkrieger Zerstörung in einen Großteil dieser Region brachten und viele Sufis dazu zwangen, gen Westen nach Damaskus und Anatolien zu ziehen. In jüngster Zeit sind viele verschiedene Traditionen vom Osten in den Westen gelangt, der gegenwärtig der Sammelpunkt beträchtlicher spiritueller Energie und Aktivität zu sein scheint.

Da die Erde ein lebendiges spirituelles Wesen ist, verändert sie sich; die Lichtkonzentration verschiebt sich und die spirituelle Arbeit der Praktizierenden wandelt sich. Unser Fokus auf die individuelle Dimension spiritueller Arbeit lässt dieses größere, globale Bild häufig außer Acht; es wird übersehen, wie stark spirituelle Gruppen und ihre Arbeit alle miteinander verbunden sind. Leider bleiben viele der heute Praktizierenden in der Vorstellung gefangen, ihr eigener Pfad sei etwas, das für sich steht, statt die Sicht dynamischer Ganzheit anzunehmen, in der jeder Übende nur eine jeweilige Zelle vom Lichtköper der Erde ist. Sie erkennen nicht, dass die verschiedenen spirituellen Pfade und Traditionen nur verschiedene Wege sind, mit dem einen Licht zu arbeiten.

Nur indem wir zusammenarbeiten, können wir viele der gegenwärtigen Probleme überwinden, die durch den globalen Konsumfetischismus und die damit einhergehende Schändung des Planeten entstanden sind. Verbinden sich die verschiedenen Pfade in der inneren und äußeren Welt, werden sie ihr wahres transformatives Potenzial erkennen und der Welt helfen zu erwachen.

Vieles der spirituellen Arbeit ist verhüllt, in den inneren Welten verborgen. Doch manchmal dürfen wir einen kurzen Blick auf die Besonderheit dieser Arbeit werfen, insbesondere die Arbeit der Meister der Weisheit, die nach dem spirituellen Wohlergehen des Planeten schauen. Ein Freund hatte die folgende Vision, die etwas von der Arbeit des Naqshbandi Sufi-Ordens veranschaulicht, der von der Präsenz seines Begründers, des Meisters aus dem 13. Jahrhundert, 'Abd'l-Khāliq Ghijduwānī, geführt wird:

> In der Meditation fand ich mich, nach einer kurzen Reise der Seele fort von der Erde, in einer riesengroßen Raum-

station außerhalb unserer Galaxie im Universum wieder. Plötzlich stand ich in einem Kontrollraum zur Rechten von Shaikh Ghijduwānī. Um uns herum waren nur glänzende und blinkende Computer und Schaltpulte.

Durch die Fenster konnte ich unter uns auf der rechten Seite unsere Galaxie mit der schönen Erde vor einem schwarzen Hintergrund sehen. Ich sah auch Energie- und Lichtkanäle, die zu anderen Galaxien reichten.

Shaikh Ghijduwānī hat mir viel über seine derzeitige Arbeit erklärt. Einiges davon habe ich behalten.

Er sagte, dass er jetzt auf verschiedenen Ebenen der Wirklichkeit Leitungen zu anderen lebenden Galaxien schaffen würde, so dass zwischen ihnen und unserer eine Verbindung entstehen könne. Verschiedene dunkle Mächte würden das fortwährend zu verhindern suchen. Das würde ihnen jedoch nicht gelingen, weil die göttliche Evolution und die Macht der Liebe und Hingabe der Meister stärker seien. Als er das sagte, lachte er kräftig und fröhlich.

Dann betrachtete ich unseren schönen hell strahlenden Planeten, den graue und schwarze Streifen wie Nebelschwaden umgaben. Durch diesen Nebel rotierte sehr schnell eine Energiespirale auf verschiedensten Ebenen der Existenz. Im selben Moment erkannte ich diese Energiespirale als Energie unseres Sufi-Ordens. Diese durch die Liebe und Hingabe der Meditierenden erzeugte Spirale löst langsam diesen Nebel aus Gottvergessen und Dunkelheit auf den verschiedenen Ebenen der Existenz auf.

Der Meister sagte, er arbeite an dieser Stelle im Universum, um bestimmte Energien zwischen den Galaxien auszugleichen und diese Galaxien – unsere eigene eingeschlossen – zu schützen. Er tue diese Arbeit stets im Auftrag des Allmächtigen.

> Er würde auch nicht allein arbeiten, sondern zusammen mit buddhistischen Lehrern und Meistern.

Diese Vision führt den Freund fort von der Erde und dahin, wo sich eine weitaus größere Dimension spiritueller Arbeit erkennen lässt, eine Arbeit, die »auf verschiedenen Ebenen der Wirklichkeit Leitungen zu anderen lebenden Galaxien schafft«. So wie jetzt Verbindungen und Beziehungsmuster in unserer Welt geschaffen werden, indem Verknüpfungen von verschiedenen Gruppen und spirituellen Traditionen stattfinden, so werden auch andere Verbindungen und Beziehungen im ausgedehnteren Makrokosmos gebildet. Darüber hinaus zeigt die Vision die Arbeit der Meister der Liebe in dieser Welt, bei der ein Energiefeld geschaffen wird, das den Nebel des Vergessens und der Dunkelheit, der unseren Planeten bedeckt, auflöst. Dieses Energiefeld, »durch die Liebe und Hingabe der Meditierenden erzeugt«, arbeitet »auf verschiedenen Ebenen der Existenz«, denn dieser Nebel des Vergessens und diese Dunkelheit, die es aufzulösen gilt, ist ebenfalls auf verschiedenen Ebenen vorhanden. Unsere Kultur hat Verschmutzung und Dunkelheit bis weit in die inneren Welten verursacht. Ein wichtiger Aspekt wahrer spiritueller Arbeit ist ihre Fähigkeit, auf verschiedenen Ebenen zu wirken, besonders in den subtilen inneren Welten. Die verschiedenen Zentren innerhalb des Herzens gewähren uns Zugang zu den verschiedenen Ebenen der Wirklichkeit, und durch die Führung der Meister arbeiten wir zusammen, um die Energie des Pfades dahin zu bringen, wo sie gebraucht wird.

In der letzten Aussage zeigt die Vision, dass die verschiedenen Pfade nicht isoliert arbeiten. »Er würde nicht allein arbeiten, sondern zusammen mit buddhistischen Lehrern und Meistern«. Die kommende Ära ist eine der Zusammenarbeit und der gegenseitigen Beziehungen. Im Herzen ist alles eins. So wie das

Herz einen Menschen mit der ihm innewohnenden Einheit verbinden kann, so kann es uns auch mit der Einheit allen Lebens verbinden. Wenn wir dieses Bewusstsein lebendig werden lassen, erkennen wir, dass wir alle um des Ganzen willen zusammenarbeiten und Teil eines lebendigen Organismus sind, der unsere Fürsorge und Aufmerksamkeit braucht.

Es gibt ein riesiges Spektrum der Liebe: wenn wir uns um ein Kind kümmern, wenn wir den Körper unseres Partners liebkosen, die Pflanzen im Garten pflegen, wenn wir heilende Energie in den Fluss des Lebens bringen. Ringsum ruft uns die Liebe – in den zarten Winkeln unseres Herzens, in unseren Träumen, in den endlos an der Küste auflaufenden Wellen. Wir bewahren die Geschichten von der Liebe in unseren Herzen, in unserem eigenen Bedürfnis nach Liebe und in unserem Geben. Wenn wir für einen Augenblick innehalten können und in der Stille das Weinen der Erde vernehmen, dann werden wir wissen, wie diesem wunderschönen leidenden Wesen ein Platz in unserem Herzen zu geben ist. Unser offenes Herz bringt uns wahrscheinlich Tränen, das Gefühl tiefsten Kummers dieser Zeit, aber wir fühlen dann wohl auch einen Funken im Herzen der Welt. Das Licht unserer Liebe ist unser einfachstes und wertvollstes Geschenk.

Die Liebe ist die Grundlage der Existenz
und ihre Ursache.
Sie ist der Anfang der Welt
und was sie erhält.

Ibn 'Arabī[1]

7

DIE ACHSE DER LIEBE

DIE WELT DREHT SICH AUF DER ACHSE DER LIEBE

Die Achse der Liebe durchzieht die Schöpfung und trägt die Energie der Liebe zu jedem Atom. Sie gehört dem spirituellen Herzen der Erde an und verleiht all den verschiedenen Nuancen und Spielarten der Liebe Farbe, die dem Leben Sinn und Schönheit geben. Ohne sie gäbe es keine Freude, keine Hoffnung und keine Liebe in der Welt.

Die Achse der Liebe singt das Lied der Schöpfung, der Freude und des Wunders, die wesentlich für alles Leben sind. Sie ist unmittelbarer Ausdruck der göttlichen Liebesbeziehung, auf der sich die ganze Existenz gründet. Wir alle sind ein Ausdruck göttlicher Liebe, und diese Anziehungskraft der Liebe hält das Leben zusammen; sie nährt die ganze Schöpfung.

Die Achse der Liebe gehört zur spirituellen Struktur der Erde. Sie schwingt auf einer sehr hohen Frequenz, die sie sogar für das innere Auge fast unsichtbar macht, doch sie ist eine sehr machtvolle Energiekonzentration, die das Leben viel stärker erhält, als uns das klar ist. Wie der Magnetkern der Erde schafft die Achse der Liebe auch ein energetisches Feld, das unsere Erde vor Kräften der Dunkelheit schützt. Und sie spricht zum Herzen eines jeden Suchers, der sich dem Göttlichen zuwendet, und erinnert uns an unsere wahre Natur und an die Liebe, die im Kern unseres Seins ist. Weiter gefasst nährt sie die gesamte Schöpfung, indem sie jedes Atom mit der QUELLE, mit dem Liebesband zwischen Schöpfer und Schöpfung verbindet.

Es gehört zum Wunder der Schöpfung der Welt, dass diese Achse der Liebe in jedem Sandkorn, in jedem Regentropfen, in jedem Lachen und in jeder Träne gegenwärtig ist. Aber die Dichte der Welt begrenzt den Zufluss göttlicher Liebe durch sie. Die Dunkelheit in den Menschen, ihre Grausamkeit und Gier und ihre Korruptheit verstärken die Dichte und schaffen negative Energiefelder, die auf den inneren Ebenen klar zu sehen sind. Deshalb ist der natürliche Strom der Liebe und des Lichts, der das Leben in den inneren und äußeren Welten nähren soll, teilweise blockiert. Die Verbreitung des materialistischen Wertesystems, das die Heiligkeit der Erde leugnet, hat dieses Problem verstärkt und globalisiert. Es gibt nur noch sehr wenige Orte, an denen die Energie frei fließen kann, so wie es nur noch wenige Orte in der physischen Welt gibt, die nicht verschmutzt sind. Die kollektive Haltung der Menschheit hat machtvolle Auswirkungen auf das innere Genährtwerden der Welt.

Da die Herzen der Mystiker ihrem Geliebten angehören, können sie viele der Muster des Widerstands umgehen, die den Fluss der Liebe und des Lichts um die Welt behindern. Die Achse der Liebe ist am unmittelbarsten über das Herz zugänglich, weil das Herz das Organ der göttlichen Erkenntnis und der göttlichen Liebe ist. Über das Herz sind wir auf das Zentrum unseres Seins und auf die Achse der Liebe, die sich durch die Schöpfung zieht, ausgerichtet. Durch die erwachten Herzen der Liebenden kann die göttliche Liebe direkt in die Schöpfung fließen, und hier ist die Achse der Liebe bewusst vorhanden – sie ist nicht verdeckt wie in den Herzen derer, die ihren eigenen Wünschen folgen und nur die Dimension ihres Ego-Selbst kennen. Die Liebenden tragen das Bewusstsein der göttlichen Liebesbeziehung, dieser Essenz des Lebens in sich, und in ihrem Erinnern und in ihrem Alltag leben sie diese Liebesgeschichte. Sie sind die Leute der Liebe.

Es ist schon immer die Arbeit der Sufis und anderer Gottesliebender gewesen, die Achse der Liebe rein zu halten und zu schützen, damit sich die Welt ohne Ablenkung um sie dreht und die göttliche Liebe in die Schöpfung fließen kann. Durch unser Beten, unsere Praktiken und die Offenheit unserer Herzen sind wir an der Achse der Liebe präsent. Unsere Liebe für Gott, die Liebe zwischen Liebendem und Geliebten, singt an ihr entlang. Auf diese Weise leben wir sie in dieser Welt.

Die Liebenden kümmern sich um die Achse der Liebe in der Welt durch die Schlichtheit ihrer Hingabe, indem sie ihre Herzen rein und die Aufmerksamkeit ihrer Herzen auf das Göttliche ausgerichtet halten, während sie ihren Alltag leben. Wie wir diese Liebesbeziehung, die die Schöpfung ist, leben, ist einzigartig für jede und jeden von uns. Keine zwei Wege der Liebe gleichen sich. Aber alle Liebenden leben dieselbe Achse der Liebe. Sie ist in unseren Herzen lebendig und in jedem Atemzug gegenwärtig. Und wenn wir unseren Geliebten erinnern, singt sie in uns und nährt das Leben auf verborgenste und wundervollste Weise.

Alles im Leben ist eine Liebende, die auf ihren Geliebten wartet und sich danach sehnt, zur QUELLE zurückzukehren. So wie die Liebe Menschen zueinander zieht, so zieht sie alles zurück zur Vereinigung. Gäbe es keine Liebe, die die Schöpfung zusammenhält, würde alles auseinanderfallen. Jedes Molekül wirkt mit in diesem Spiel der Liebe und Sehnsucht, das Ihr Antlitz verhüllt und offenbart. Wir erfüllen unsere Rolle in dieser Liebesbeziehung durch einfachste Handlungen – indem wir in liebevoller Güte miteinander umgehen, indem wir mit Liebe putzen oder kochen und unseren Alltag mit Gottgedenken und Bewusstheit leben, was für den Sufi das Gewahrsein des Herzens ist.

Durch dieses Gewahrsein erkennen wir unseren Geliebten in der Welt; wir erleben die Gegenwart der Liebe in der Schönheit und im Chaos: in einem sommerlichen Sonnenaufgang wie auch mitten im Berufsverkehr. Die Liebe ist in uns und in allem, was uns begegnet: sie ist im Schrillen des Weckers und im Duft des Toasts. Wenn wir mit unserem Herzen das Göttliche erinnern, wenn wir diese Bewusstheit in unser tägliches Leben bringen, sind wir die Note der Liebe in der Welt. Unsere Herzen bilden einen Teil der schwingenden Achse der göttlichen Liebe. Unsere Aufgabe ist es, diese Achse der Liebe zu leben und sie rein zu halten, genau wie wir dafür sorgen, dass unsere Herzen rein sind und poliert.

Es gibt vielerlei Ablenkungen, die uns diese Liebesarbeit vergessen lassen. Unsere Psyche bietet uns endlos Probleme, und die Welt lockt mit so zahlreichen Verführungen und Täuschungen. Und in unserer Kultur halten wir die Liebe für etwas Besonderes, für ein Privileg, das einigen von liebevollen Eltern in die Wiege gelegt worden ist. Wir jagen der Liebe in Beziehungen hinterher, ersehnen sie in Freundschaften oder Liebesaffären. Wir versuchen sie unseren Kindern zu geben. Wir packen unsere Vorstellungen von Liebe in Hoffnungen und Enttäuschungen, Befürchtungen, Ängste und Selbstverurteilung. Wir umzäunen sie mit unseren psychologischen Problemen.

Wir können den Schwierigkeiten in uns, unserem Mangel an Selbstwert, unseren Eifersüchteleien und unserem Ärger nachgeben. Wir können die Liebe nach außen projizieren und den Phantasien und Sehnsüchten unseres Ego hinterherlaufen. Oder wir erkennen die Selbstverständlichkeit, das Normale der Liebe an und können erfahren, dass die Liebe die Ursubstanz der Schöpfung ist, die grundlegende Energie allen Lebens. Dann können wir den Faden der Liebe in uns und unserem alltäglichen Leben finden und allmählich die vielen Spielarten sehen, in denen sich die göttliche Liebe ausdrückt.

Schauen wir erst einmal sorgfältig, mit Aufmerksamkeit und Wachheit hin, werden wir die Liebe überall entdecken – »wo immer du dich hinwendest, da ist das Angesicht Gottes«. Und durch die Einfachheit unseres Gewahrseins können wir diesen Faden der Liebe in den Stoff unserer Tage einweben.[2] Wir können eine Kunde von der Liebe in die äußere Welt bringen, die nach wirklicher Nahrung hungert.

Wenn wir zur Gegenwart der Liebe erwachen und das ganze Leben als eine Weise sehen, Gott zu lieben, öffnet sich etwas in uns und wir können an dem Geheimnis der Liebe durch die alltäglichsten Verrichtungen teilhaben. Wenn wir eine Autotür öffnen, eine Tasche mit unseren Lebensmitteleinkäufen mit Liebe und Gott-Erinnern herausholen, interagieren wir direkt mit dieser Liebesbeziehung der Schöpfung. Wir atmen mit dem Atem Gottes, lieben mit der Liebe Gottes in allem, was wir tun. Auf diese Weise tragen wir das Wissen von Gottes Liebe für die Welt und helfen dem Leben, mit dieser Note der Liebe lebendig zu werden.

Die göttliche Liebe ist nicht immer süß; oft ist sie bitter, manchmal sehr weltlich. Sie ist einfach und wird so leicht übersehen. Sie ist eine Weise, mit dem Leben in Beziehung zu gehen, eine Weise zu erkennen, was wirklich ist, eine Weise, das Heilige zu erinnern. Und haben wir erst eine Ahnung von dieser Liebe bekommen, braucht es unsere ständige Aufmerksamkeit, braucht es die Arbeit eines auf die Liebe eingestimmten Herzens. Der Pfad bereitet uns darauf vor. Er schwingt unser Herz auf die Frequenz der göttlichen Liebe ein. Die Praktiken des Pfades transformieren das Herz, so dass wir in der Liebe erwachen können. Dann müssen wir sie voll und ganz leben, »sie mit Blut füllen«. Das ist das in jedem Atemzug und in jeder Handlung gelebte Erinnern des Herzens. Das ist unser mystischer Beitrag zum Leben, das Lied unserer Seele als eine Gabe der Liebe.

EINE NEUE NOTE GÖTTLICHER LIEBE

Die Liebe an der Achse der Welt hat eine Schwingung oder musikalische Note, die wesentlich für das Geheimnis der Offenbarung ist – die Weise, wie die Welt ihren Schöpfer widerspiegelt. Die Welt ist ein Ort göttlicher Offenbarung, und diese Note stimmt die Schöpfung auf das Geheimnis der göttlichen Liebe ein.

Diese Offenbarung ist nicht statisch, sondern ein sich fortwährend entfaltender Tanz von Liebendem und Geliebten, und »ER offenbart sich nie zweimal in derselben Form«. Die göttliche Offenbarung verändert sich in jedem Augenblick, in jeder neuen Knospe an jedem Baum, in jedem Vogel, der über den Himmel fliegt. Für die Offenbarung gibt es auch Muster, die Wege, wie sich die göttliche Selbst-Offenbarung mit jedem neuen Zeitalter wandelt. Deshalb weist jede Ära ihre ganz bestimmten Zeichen Gottes auf, und aus diesem Grund kann es zwischen den Zeitaltern zu einer Periode der Verwirrung und des Umbruchs kommen, weil die alten Zeichen keinen Sinn mehr bieten und die neuen Zeichen noch nicht erkannt werden.[3]

Jetzt befinden wir uns in solch einer Zeit des Übergangs. Eine neue Note wartet darauf, in die Schöpfung eingeleitet und in die Achse der Liebe gebracht zu werden, von wo aus sie in das ganze Spektrum des Lebens, dem allseitig verbundenen Netz der Schöpfung gelangen kann. Die neue Note wird helfen, die Schöpfung auf die Offenbarungsmuster des kommenden Zeitalters auszurichten. Sie führt eine neue Schwingung mit sich, die dem Leben eine andere Nuance geben wird.

Wir haben vergessen, dass sich das spirituelle Bewusstsein wie alles Leben entwickelt. Die Note der Liebe der letzten Ära diente dazu, uns zu einer monotheistischen Gottheit jenseits unserer physischen Welt zu weisen. Die patriarchalische Ära brachte das Geschenk eines transzendenten Gottes und hatte das Kennzeichen des Bewusstseins der Dualität: Himmel und Erde, Geist und Materie. Spirituelle Lehren und Praktiken funktionierten im Kontext dieses Verstehens und führten uns immer weiter von der Erde und dem instinktiven Leben fort, wobei die Erkenntnis über die physische Welt den Forschungen der Naturwissenschaften überlassen wurde.

Zu der neuen Form der Offenbarung gehören das Feiern der göttlichen Einheit und der Heiligkeit der göttlichen Gegenwart. Die Note der Liebe des anbrechenden Zeitalters hat das Potenzial, die Menschheit zum Bewusstsein der göttlichen Einheit innerhalb allen Lebens zu erwecken. Die verschiedenen Ebenen und Dimensionen der Wirklichkeit werden diese Einheit auf neue Weise spiegeln. Zum Beispiel werden wir dann, statt Wirklichkeitsebenen hierarchisch zu betrachten – als Leiter des spirituellen Aufstiegs –, in der Lage sein, alle Ebenen als integrale Teile eines multidimensionalen Ganzen zu erfahren. In der Einheit ist nichts höher oder niedriger. Da die Liebe überall ist, kann diese neue Schwingung zu längst vergessenen Orten gelangen und zum Beispiel das Licht in den Tiefen der Materie freisetzen.

Die neue Note der Liebe ist so neu, dass es für uns kaum vorstellbar ist, was sie offenbaren wird. Aber sie ist wie ein Schlüssel zu einer neuen Wahrnehmung. Sie kann in der Erde wie auch in der Menschheit Kraftzentren erwecken und zu spirituellem Wahrnehmungsvermögen führen, das zu einem völlig neuen Muster des Lebens beiträgt, einer neuen Beziehung zwischen Schöpfer und Schöpfung, zu einer Weise, die göttliche Liebe zu leben.

Die Arbeit der Mystiker und Liebenden besteht jetzt unter anderem darin, mitzuwirken, diese neue Note der Liebe ins Leben zu bringen. Auch wenn das Herz der Mystiker zu Gott schaut, sind sie auch im Leben gegenwärtig: Sie gehören zur Welt der Schöpfung und sind zugleich zu den inneren Welten des Lichts und der Liebe erwacht. Die Mystiker sind Teil der Achse der Liebe in der äußeren und inneren Welt, der Welt der Sinne und der Welt des Lichts. Die Note der Liebe, die in unserem Herzen schwingt, schwingt auch in den Zellen unseres Körpers und wird so in die Welt der Schöpfung gebracht.

Unser physisches Selbst, unser Körper und unsere Instinktnatur, ist Teil des Netzes des Lebens. Es gehört zu dem voneinander abhängenden lebendigen Organismus, der unsere Erde ist. Wir sind alle verbunden, in der äußeren, wie auch in der inneren Welt, und bilden eine organische Einheit. Durch das Herz der Mystiker wird die neue Note der Liebe von den ungeschaffenen Welten in die Welten der Schöpfung gebracht, wo sie sofort in die Einheit des Lebens eingeht. Die Note, die in den Liebenden singt, singt im Gesamt des Lebens. Nichts ist ausgeschlossen.

Bevor die Liebenden diese Note ins Leben hineinbringen können, müssen sie ganz und gar auf dieses neue Muster ausgerichtet sein. Dazu müssen die Herzen und auch das Bewusstsein der Gottesliebenden subtil verändert werden. Diese Arbeit findet im Augenblick statt. Und diese Neuausrichtung geschieht nicht nur individuell, sondern auch auf Gruppenebene: Gruppen der Liebenden wie auch andere Arten spiritueller Sucher werden neu verortet, ihre innere und äußere Orientierung umgeformt. Das geschieht, weil sich durch Gruppen von Individuen die für die Neuentfaltung benötigte spirituelle Energie am leichtesten übertragen lässt. Spirituelle Gruppen sind die spirituellen Zentren der kommenden Ära.[4]

Gruppen und Einzelpersonen neu auszurichten, braucht Zeit. Wir alle haben unsere Muster des Widerstands, unsere Identifikation mit den alten Wegen. Die Herzen Seiner Liebenden mögen offen sein, doch unsere Bewusstseinsmuster sind kristallisierter. Auch Gruppen können ihre starren Muster und spirituellen Identitäten haben.

Die neue Note der Liebe braucht unser bewusstes Mitwirken: Wir müssen wissen, dass wir ein dynamischer Teil der sich entfaltenden Einheit sind, die auch eine neue Facette der Offenbarung ist. Die neue Note der Liebe muss auch das Erkennen sein, dass wir alle eins sind.

AUS EINEM TRAUM ERWACHEN

Diese neue Note der Liebe kommt aus den inneren ungeschaffenen Welten, »der dunklen Stille«, die nahe der QUELLE ist. Aus dieser Leere werden Galaxien geboren, wie auch die Liebe, die sie erhält. Liebende und Mystiker, die innerlich in diese ungeschaffene Leere eingetaucht sind, können direkten Zugang zu einer Liebe finden, die von keiner Form begrenzt ist. Ihre Herzen sind ein Raum für diese Liebe, um in die Welt zu kommen.

Es verändert sich so viel in den inneren Welten. Zum Beispiel wandeln sich die archetypischen Strukturen des Lebens – die reine Schöpfungsenergie beginnt in neue Muster zu fließen wie Wasser in sich neu bildende Flussbetten. Und auf der Ebene der Einheit, die die Dimension des SELBST ist, wird das Bewusstsein der Menschen wacher für das dort stattfindende Kräftespiel. Das Gewahrsein globaler Einheit und Verbundenheit des Lebens beginnt das kollektive Bewusstsein zu erfassen.

Auch die ungeschaffenen Welten, welche die unsichtbaren Kräfte hinter der Schöpfung enthalten, sind im Wandel. Die blendende Schwärze, das Nichts hinter dem Verstand, ist voller Energie, die sich noch nicht manifestiert hat – nicht einmal als Licht. Viele der Umbrüche, die wir in unserem äußeren Leben wahrnehmen, wie zum Beispiel sich neu entwickelnde Beziehungsmuster, die nicht-hierarchisch funktionieren, haben ihren Ursprung in den tiefgreifenden Veränderungen, die sich in dieser Leere ereignen.

So wie die Liebe in der Leere geboren wird, so geschieht das auch mit den neuen Schwingungen. Ein spiritueller Meister, der in diese inneren Dimensionen eingetaucht ist, kann die Herzen seiner Schüler auf diese Schwingungen einstimmen. Dann bekommt die Liebe, die vom Meister zum Schüler fließt, eine etwas andere Schwingung, die sich auf das ganze Wesen des Schülers auswirkt. Diese neue Schwingung gelangt dann über das Herz und den physischen Körper des Schülers ins Sein.

Die Achse der Liebe ist in allem gegenwärtig, so wie der Name Gottes in jede Zelle der Schöpfung geschrieben ist. Da diese Achse jedoch am besten in den Herzen der Liebenden – jener, die ihr Leben ganz der göttlichen Liebe gewidmet haben – zugänglich ist, geschieht es über unsere Herzen, dass wir diese neue Note der Liebe von der QUELLE der Liebe im Ungeschaffenen ins Leben bringen. Vom allerinnersten Zentrum unseres Herzens, dem Geheimnis der Geheimnisse, zu dem nur der Geliebte und die Diener der Liebe Zutritt haben, kommt die Note der Liebe in die Welt der Schöpfung, in unsere Instinktnatur und unseren physischen Körper.

Diese Note schließt alles mit ein: Es gibt da keine Unterscheidung von hell und dunkel, von niedrig oder hoch. Alles ist ein Feiern der Liebe. Es liegt in der Fähigkeit der Liebenden, die allerinnerste und die äußere Welt, die in Liebe und Dienen verbunden sind, so zusammen zu bringen, dass die Note der Liebe ohne Missklang übertragen wird. Je vollständiger sich die Liebenden im Dienen hingegeben haben, desto leichter ist dieses Werk. Stellt sich das ganze Wesen einer Liebenden voller Hingabe in den Dienst, schwingt die Note der Liebe mühelos auf ihrer höchsten Frequenz.

Dabei ist es wichtig, das Physische mit einzubeziehen, denn die neue Note der Liebe muss im physischen Körper der Erde gehört werden – an den Stellen, wo unsere Gier und unsere Ignoranz ihre Wunder und ihre Schönheit verschmutzt und entweiht haben. Diese Arbeit mit dem Physischen ist besonders den Frauen vorbehalten, denn gerade durch den Körper, durch das physische Sein der Frau, fließt die Liebe am leichtesten in die physische Welt. Das hängt mit dem heiligen Mysterium der Mutterschaft zusammen, mit der Fähigkeit der Frau, Leben hervorzubringen. Anders als beim Mann enthält der physische Körper der Frau die heilige Substanz der Schöpfung. Jede Frau trägt in ihren Zellen ein Licht, das im Köper der Männer nicht vorhanden ist, das dem Licht der Seele die Möglichkeit gibt, durch ihren Körper Gestalt anzunehmen, auf dass sich die göttliche Liebe physisch in einem neuen Menschen manifestiert. Diese heilige Substanz, dieses Licht, das einzig die Frauen in sich haben, wird ebenfalls ein Weg für die neue Schwingung der Liebe sein, in den physischen Körper der Welt zu gelangen.

Die Liebe ist für die meisten von uns eine längst vergessene Sprache.[5] Wir halten die Liebe für ein warmes, verschwommenes Gefühl, eine fürsorgliche Regung oder eine leidenschaftliche Umarmung. Aber die Liebe ist die direkteste Verbindung zwischen dem Schöpfer und Seiner Schöpfung. Die Liebe ist die Weise, wie der Schöpfer am unmittelbarsten zu der Welt spricht, und sie überbringt sowohl Wissen wie auch Nahrung. Die Sprache der Liebe birgt so viele Feinheiten, die unsere Seele und unseren Körper ansprechen. Und das Wunder dabei ist, dass sie durch unsere Herzen in die Welt fließen kann, ohne etwas von ihrer Eigenschaft zu verlieren, den heiligen Sinn des Lebens zu übermitteln.

Die neue Note der Liebe ist in gewisser Weise eine verschlüsselte Botschaft, die zur Schöpfung sprechen und sie aus dem Albtraum der Verschmutzung und Schändung der letzten Ära aufwecken wird. Sie wird der Welt von den ihr innewohnenden Mustern der Einheit erzählen und zeigen, wie die Lebensenergie durch diese Muster fließen und so die Welt reinigen und läutern kann. Das Leben wartet darauf, diese geheime Botschaft zu hören. Bevor sie nicht vernommen ist, kann es nicht erwachen. Wir haben vergessen, dass die göttliche Liebe zur Welt sprechen kann, so wie wir schon lange unser Wissen von den heiligen und magischen Verbindungen zur Welt, die die Frauen in sich bergen, verloren haben. Wir verharren in unserem kopfgesteuerten Traum von Getrenntsein und Vereinzelung, der inzwischen zu einem die Seelen zerstörenden Albtraum geworden ist.

So wie die göttliche Liebe jeden Einzelnen von uns zu erwecken vermag, so kann sie auch die Welt erwecken. Die Liebe wendet die Herzen und schenkt uns das Erkennen von dem, was wirklich ist. Im Licht der göttlichen Liebe entdecken wir unsere Bestimmung und lernen zu leben, was in uns heilig ist. Ohne diese Berührung durch die Liebe bleiben wir im Schlafzustand, in dem wir nur die Traumwelt unseres Ego erfahren. In diesem Traum wiederholen wir nur die Kreisläufe von Leid und Begierden. Doch wenn wir erwachen, sehen wir, dass eine andere Welt um uns gegenwärtig ist, eine Welt, in der uns gegeben wird, was wir brauchen, und in der wir von der ursprünglichen Freude des Lebens genährt werden. Erwacht die Welt, werden sich ihre komplexen Probleme wie ein schlechter Traum auflösen, weil wir alle erkennen, dass es einen Weg gibt, über die natürlichen Verbindungen des Lebens in Beziehung zu kommen, über die Einheit, die für uns alle die Grundlage ist. Und durch diese organischen Beziehungsmuster werden wir neue ökonomische und soziale Strukturen entdecken, die uns alle versorgen können, ohne das Netz des Lebens zu zerstören. Die neue Ära wird in einer Weise selbsterhaltend sein, die noch nicht so leicht vorstellbar ist.

DIE NEUE NOTE DER LIEBE LEBEN

Was bedeutet es, wach zu sein und empfänglich für diese neue Note der Liebe? Die Herausforderungen werden für jede und jeden von uns anders aussehen. Aber es kann hilfreich sein, sich klar zu machen, dass diese Note göttlicher Liebe neu ist. Sie ist nicht in den spirituellen Lexika der Vergangenheit zu finden. Sie bringt die Welten auf eine neue Weise zusammen. Sie ist eine Freude, die darauf wartet, gelebt zu werden, eine neue Knospe am Baum des Lebens. Sie wird uns auf eine Art berühren, wie wir noch nie berührt worden sind; sie wird uns in einer Welt aufwachen lassen, die voll ist von göttlicher Gegenwart.

Jeder Teil des Lebens spricht in der Sprache der Liebe zu jedem anderen Teil, und wir können diese Sprache erlernen. Wir können aufs Neue entdecken, wie man zum Leben spricht und auf seine Antwort lauscht. Wir können die Muster der Liebe erkennen, wie sie im Leben vorhanden sind: die Zeichen, die der Geliebte in die Schöpfung gesetzt hat. Wir können lernen, mit der Magie und Macht der Liebe innerhalb des Lebens zu wirken – in der Einheit, die alles in den inneren und äußeren Welten einschließt – und nicht nur in den geheimen inneren Räumen des Herzens in Meditation und Gebet.

Wollen wir an diesen Veränderungen teilhaben, müssen wir jegliches Muster spiritueller Absonderung, das uns vom Leben oder den anderen trennt, und auch jede Vorstellung von einem hierarchischen spirituellen Aufstieg hinter uns lassen. Unser Geliebter ist keine einzelne innere Gestalt, sondern eine dynamische Einheit, die die sichtbaren und unsichtbaren Welten umfasst. Die Ganzheit der Liebe zu leben, bedeutet, dass wir aus allen Konditionierungen heraustreten und uns auf ein sich immerwährend ausdehnendes Universum des Geschaffenen und Ungeschaffenen einlassen. Muster, die unsere unkonditionierte Offenheit für die Einheit des Lebens behindern, begrenzen unsere Fähigkeit, diese Liebe zu leben und zu übertragen.

Wir brauchen im Grunde nichts weiter zu tun, als voll und ganz anzuerkennen, dass wir Teil des Lebens und Teil Gottes sind. Unsere höhere und unsere niedere Natur enthalten die verschiedenen Welten. Jede Zelle unseres Körpers, jede Berührung durch unsere Hände, jede unserer Bewegungen bergen in ihrem Kern die Achse der Liebe und die Schöpfungsmuster. Und die Note der Liebe vermittelt dem Ganzen, was wirklich ist; sie hilft, das Angesicht des Geliebten in der Welt zu offenbaren.

Die Note der Liebe zu leben, wird uns an den Rand unserer selbst führen – hinein in die Dichte des Lebens und in das Licht des Herzens. Wir werden erkennen, wie das alles zusammenhängt, wie das Licht die Dunkelheit braucht und wie wir diese Dunkelheit sind. Und wir werden spüren, dass etwas Neues dabei ist, ins Dasein zu kommen, in uns und in der Welt.

Das ist keine spirituelle Übung, sondern etwas, worauf wir gewartet haben. In diesem Moment der Zeit im Zentrum des Lebens erwacht zu sein, ist eine Gnade, denn wir helfen der Welt, den Schmutz von Tausenden von Jahren abzuwerfen. Traditionell werden die Sufis als Kehrer bezeichnet, und da gibt es jede Menge Arbeit!

Wir kehren den Staub des Gottvergessens fort und die Trümmer der zurückliegenden patriarchalischen Ära. Wir bringen die neue Note der Liebe aus den Tiefen unserer Herzen in die Hauptverkehrsadern der Welt. Und wir lernen, das Leben mit dem Auge des Herzens zu sehen, mit einem Bewusstsein, das auf die neue Note der Liebe eingeschwungen ist, die uns die Offenbarung der Liebe erkennen lässt. Mitten im Leben enthüllt Sich unser Geliebter aufs Neue Selbst, und dieses Geheimnis muss gesehen werden, der verborgene Schatz der Liebe will erkannt werden. Mystiker sind die Augen und Ohren Gottes und können das Buch des Lebens lesen. Doch dazu ist es nötig, erwacht zu sein, vollständig lebendig im gegenwärtigen Augenblick, um das Buch des Lebens zu lesen, wie es gerade neu geschrieben wird.

Das Buch des Lebens ist unser eigenes Leben. Die neue Note der Liebe ist dabei, in unser Leben hineingeboren zu werden, und sie wird uns die Möglichkeit geben, unseren Geliebten auf neue Weise wahrzunehmen und zu erfahren. Das Kernstück dieser Erfahrung ist die Offenbarung der göttlichen Einheit inmitten der Welt. Nichts ist getrennt, nichts ist ausgeschlossen. Jeder Atemzug ist ein göttlicher Atemzug. Wir können das Leben mit den Augen des Ego betrachten, das uns die Geschichte von unerfüllten Wünschen, von Verlorenheit und Schutzmechanismen erzählt, oder wir entdecken eine ganz andere Geschichte, in der unser individuelles Selbst Teil der ganzen Schöpfung ist. Dieses lebendige, mit allem verbundene Wunder enthält alles: den Süchtigen und seine Spritze, das Kind und sein neues Spielzeug. Wir sind die Spinne und ihr Biss, der Kolibri und die Süße des Nektars. Wir sind das Leben in all seinen vielfältigen Ausdrucksformen des EINEN. Wir sind hier, um die Fülle des Lebens zu erfahren und zu wissen, dass sie Gott ist.

Es geht darum, jeden Tag, jeden Moment »Ja« zu unserem Geliebten zu sagen und »Ja« zum Leben. In diesem ursprünglichen »Ja« feiern wir die göttliche Gegenwart in unserem Leben und in der Welt. Wir sind nicht hier, um die Welt zu verändern, sondern sie mit den Augen der Offenbarung zu erfahren. Dann werden wir erkennen, dass sie sich bereits verändert hat und dass das, was die meisten Menschen für das Leben halten, nichts weiter ist als verblassende Bilder einer vergangenen Ära. Aus der Perspektive unserer Konditionierungen sehen wir eine sterbende Welt, die sich durch Gier und Verschmutzung selber zerstört. Aus der Sicht der Offenbarung werden wir entdecken, wie sich eine neue Welt mitten aus diesen Schatten herausformt.

Mit unserem uneingeschränkten »Ja« fordern wir unser Recht ein, mit dem Licht des Neuen zu sehen und zu erfahren, was gerade geboren werden will. Wir werden dann in einem Augenblick, der so einfach und zugleich so außerordentlich ist, erkennen, dass wir es sind, die da geboren werden. In dem Wunder der göttlichen Einheit ist das Zentrum des Lebens in uns selbst; das Mysterium des Lebens geschieht in jedem Moment für jeden von uns. Wir sind der Mittelpunkt des Kreises. Wir sind des Lebens neue Offenbarung der Liebe.

EPILOG

Vor einem halben Jahrhundert erlebte ich zum ersten Mal den Funken der Einheit der Liebe, Verbindungen der Liebe und Fürsorge, die uns unabhängig von Rasse und Ort miteinander verknüpfen. Seither habe ich all die Jahre über verfolgt, wie dieser Funke sich müht, lebendig zu werden und uns zur wahren Bedeutung der Einheit zu erwecken. Ich habe sein Versprechen für die Menschheit und die ganze Erde gespürt: die Rückkehr des Lieds des Heiligen als Basis des Lebens.

Ich habe mitangesehen, wie das falsche Versprechen unserer Kultur auf Wohlstand eine immer dunkler und dichter werdende Wolke schafft und an dem zarten Netz des Lebens reißt, das uns alle hält. Und jetzt sehen wir überall um uns herum die Trümmer einer sterbenden Zivilisation, die sich plündernd und schändend ihren Weg über die Erde gebahnt hat. Und sie entweiht und zerstört weiter: Regenwälder werden für Viehzucht und Palmöl abgeholzt, die Ozeane füllen sich in einem vor kurzem noch unvorstellbaren Ausmaß mit Plastik, und immer mehr Arten sterben durch unseren Einsatz von Pestiziden und durch die Zerstörung ihrer Lebensräume. Subtiler, aber viel einschneidender und schmerzlicher ist der Verlust der wilden Orte und Wunder, der ständige Lärm unserer Welt, der uns die Stille verwehrt, die wir brauchen, um das zu hören, was wirklich gegenwärtig ist.

Aber die Geschichte von der Einheit ist lebendiger geworden. Viele von uns wachen auf und fühlen die Trauer über das Verlorene, und sie sprechen von einer neuen Geschichte, die es zu leben gilt und die auf dem tiefen Wissen unserer Vernetztheit mit dem Gesamt der lebenden Erde und Ihren vielen Bewohnern basiert. Wir alle sind Teil der Bäche und Flüsse, des Regens und der Bäume, Teil eines so vielfältigen Wunders, das nach unserer Fürsorge und Aufmerksamkeit ruft, das unsere Liebe so dringend braucht. Diese neue Erzählung ist wie ein Frühling, der in den dunklen Tagen des Winters der Trennung anbricht. Und doch umringen uns noch die Monster des Materialismus, die wir geschaffen haben, und zerstören weiter unsere ausgeplünderte Welt.

So viele Stimmen rufen uns auf zu handeln, bevor es zu spät ist, bevor die Erde sich noch weiter erwärmt und der Ökozid unsere Welt völlig aus dem Gleichgewicht bringt. Und in den Jahren, seit ich das erste Mal über die Geschichte der Einheit geschrieben habe, sind noch viele dieser Stimmen hinzugekommen und zeigen verschiedene Wege des Übergangs in eine Zukunft, nach der sich unsere Herzen sehnen. Sie weisen darauf hin, dass wir einen Lebensstil annehmen müssen, der nicht allein für die Menschheit nachhaltig ist, sondern für die gesamte Schöpfung, dass wir wieder die »Ursprünglichen Weisungen« erlernen müssen, die von den Ersten Völkern bewahrt worden sind. Und doch habe ich in vielen dieser Vorschläge einen wesentlichen Bestandteil vermisst, einen Katalysator für die wahre Veränderung und Transformation. *Wir können diesen Wandel nicht aus uns selbst schaffen.* Wir benötigen die Hilfe, die Liebe und das tiefe Wissen, das aus den inneren Welten kommt, wo die Gnade geboren wird. Wir haben dieses selbstzerstörerische Ungleichgewicht erzeugt, weil wir die wahren Wurzeln unseres Seins, die heilige Natur von allem, was existiert, vergessen haben. Wir haben uns eingebildet, die Meister der Welt zu sein, und deshalb die Führung und Hilfe abgelehnt, die von innen kommt, vom Göttlichen, das unsere wirkliche Essenz ist. Wir haben uns von den Wundern und der Magie abgewandt. Wir haben vergessen, was alle Kulturen vor uns wussten: Die Erde ist ein heiliges Wesen, und wenn wir unsere Verbindung zu dem verlieren, was heilig ist, können wir nicht überleben, können wir nicht wachsen und uns nicht gemeinsam entwickeln.

Alle, die ihre eigene Reise gemacht haben, kennen die einfache Wahrheit, wie sehr wir die Heilung, die Liebe und das bedingungslose Angenommensein brauchen, was wir durch das Geschenk der Gnade erfahren. Wir können den Weg nicht allein mit unseren müden Füßen gehen. Und was für jede und jeden von uns gilt, gilt ebenso für die Erde. Wir sind auf die Hilfe angewiesen, die darauf wartet, uns gegeben zu werden. Doch zuerst müssen wir unsere Herzen und unseren Geist dafür öffnen und uns der QUELLE zuwenden. Wir müssen uns wieder mit dem verbinden, was wirklich ist – als Liebende mit unserem Geliebten.

Die Erde ist ein spirituelles Lebewesen, das zurzeit einen schmerzhaften Prozess des Übergangs erfährt, und wir sind hier, ihr bei ihrer Transformation zu helfen. Menschen sind fähig, eine Verbindung zwischen den Welten zu sein – den inneren Welten des Lichts und der Liebe und der äußeren physischen Welt. Und die Erde braucht diese Verbindung. Wir können das Licht der Seele in die Welt bringen. Wir können uns wieder mit den Naturgeistern verbinden, mit den *Devas* und den Engeln und gemeinsam an der Heilung unseres sterbenden Ökosystems arbeiten. Wir sind die Liebesverbindung zwischen den Welten.

Dieses Buch ist die Geschichte von einer möglichen Veränderung, die des Erwachens der Erde, wenn das Lied der Schöpfung wieder vernommen werden kann und die Menschheit ihren Platz und ihr Gleichgewicht in dem Wunder findet, das uns immer umgibt. Aber es ist auch die Geschichte von der Dunkelheit und dem Leid unserer Tage, von der Gefahr, dass wir diesen Schritt in die Morgendämmerung nicht tun. Es beschreibt einige der überlieferten geheimen Weisen, wie spirituelle Energie in der Welt, innerhalb des physischen Körpers der Erde und in den inneren Welten des Lichts und der Liebe wirkt. Und es schlägt Möglichkeiten vor, wie wir dieses tiefe Wissen jetzt nutzen können, die Welten wieder zu verbinden, auf dass Licht und Liebe fließen und heilen können.

Die neue Geschichte vom Erwachen der Erde ist die Geschichte der Einheit, der Einheit aller Schöpfung, die nicht nur die vom Tau glitzernden Spinnennetze an einem frühen Sommermorgen, das Lachen der Kinder und die Tränen der Liebenden einschließt, sondern auch die feinstofflichen Welten, die Geister und die Engel, die Namen Gottes und die Meister der Weisheit. Wir gehören alle zu einer lebendigen, magischen Ganzheit, verbunden durch das Band der Liebe. Wir sind der weite Ozean und der Grashalm. Wir sind der Betrunkene, der nachts nach Hause torkelt, und das Kind, das auf den Schulbus wartet. Und wir sind unser gewöhnliches, alltägliches Selbst, das sich nach einer Tasse Kaffee am Morgen besser fühlt. Und wir sind auch die auf den Tagesanbruch wartende Welt, die der Dunkelheit müde ist und das Licht der Seelen der Liebenden braucht, damit sie erwachen kann.

In dem Licht der Einheit der Liebe ist das Leben so, wie es immer gewesen ist. Früchte wachsen an den Obstbäumen und werden auf dem Markt verkauft. Die Zyklen des Lebens gehen weiter. Doch etwas ist anders. Etwas kommt ins Sein, was vorher nicht da war – etwas wird sichtbar, was verborgen war. Was hat sich verändert, was ist neu? Etwas, das die Liebenden in ihren Herzen kennen, wird der Welt gerade gegeben. Etwas von der geheimen Essenz der Liebe wird sichtbar gemacht. Wie das unsere Welt verändert, bleibt in der Schwebe.

Wir sind hier zu einem Augenblick in der Zeit, und wir sind selbst dieser Augenblick, wobei ein jeder davon auf seine eigene Weise lebendig ist. Beobachte genau, und du kannst sehen, was gegeben wird, was von Herz zu Herz weitergeht. Du kannst die Beziehungen erkennen, die wach werden und uns mit der lebendigen Erde und Ihrer Seele wiederverbinden. Etwas Neues wird verkündet, und wir sind Teil davon. Wir sind ein Geheimnis, das wieder geboren wird, eine Weise des Lobpreisens und des Gebets, das alle Schöpfung umfasst, das eine Feier göttlicher Einheit ist. Und bevor die Gezeiten wechseln und dieser Augenblick vergangen ist, müssen wir den Samen dieses Gebets in die Tiefen der Erde, an die Orte der Kraft und in die Ströme der Liebe setzen, die durch die Erde fließen. Dann kann die Welt erwachen.

ANMERKUNGEN

VORBEMERKUNG

1. Die anderen Bücher dieser Serie, veröffentlicht von **The Golden Sufi Center**, sind: *The Signs of God* (2001), deutsch: *Die Zeichen Gottes* (2001), *Working with Oneness* (2002), deutsch: *Mit der Einheit arbeiten* (2002), *Light of Oneness* (2003), deutsch: *Licht der Einheit* (2003), *Spiritual Power: How It Works* (2005, eine Neuausgabe erschien 2019), deutsch: *Spirituelle Macht* (2005) und *Alchemy of Light: Working with the Primal Energies of Life* (2007), deutsch: *Alchemie des Lichts. Die Arbeit mit den Urenergien des Lebens* (2007).
2. »The Mother Womb Creates the Human« (babylonisch-assyrischer Text aus: *Desert Wisdom: A Nomad's Guide to Life's Big Questions from the Heart of the Native Middle East* von **Neil Douglas-Klotz**, S. 24.

VORWORT ZUR NEUAUSGABE

1. *Aluna* ist der Begriff der Kogi für die Intelligenz innerhalb der Natur, für den Prozess, der die Wirklichkeit formt und erhält, die Quelle des Lebens.
   Die Kogi sind ein indigenes Volk, das in der Sierra Nevada in Kolumbien lebt und deren Zivilisation seit präkolumbianischer Zeit besteht. Ihre Priester oder Mamas arbeiten in Verbindung mit *Aluna*, der spirituellen Intelligenz in der Natur, um zu helfen, die Welt im Gleichgewicht zu halten. Seit den 1990gern haben sie ihre »jüngeren Brüder« vor den Gefahren des ökologischen Ungleichgewichts und den möglichen katastrophalen Folgen gewarnt, auf die unser Planet zusteuert, wenn wir unsere Lebensweise nicht ändern.

2. **The Network of Spiritual Progressives** (https://spiritualprogressives.org/philosophy/spiritual-activism/). Subtle Activism, begründet von **Dr. David Nicol**, verweist auf »den Gebrauch bewusstseinsbasierender Praktiken für die kollektive Transformation«, und er hat auch eine Community mit dem Namen **Subtle Activism Network** gegründet. **Unity Earth** ist eine weitere Community, die sich diesen Ideen anschließt und auf die einfache Wahrheit »dass wir eins sind« fokussiert.
3. Der Ausdruck »innere Welt« bezieht sich auf subtile Bewusstseinszustände, die das bekannte physikalische Universum überschreiten. Diese Auffassung lässt sich in religiösen, metaphysischen und esoterischen Lehren finden, die eine ganze Reihe von feinstofflichen Ebenen oder Welten oder Dimensionen beschreiben, die sich von einem Zentrum aus gegenseitig und den physikalischen Planeten, auf dem wir leben, die Sonnensysteme und all die physikalischen Strukturen des Universums durchdringen. Diese gegenseitige Durchdringung oder Verflechtung von Ebenen schafft ein multidimensionales Universum mit vielen verschiedenen Bewusstseinsebenen.

EINFÜHRUNG

1. »Ursprüngliche Weisungen« sind alte Gebräuche, wie man vom Herzen der Menschlichkeit aus im Herzen der Natur lebt, ein einfacher Führer für das Verhalten auf dieser Erde, damit wir mit der gesamten Schöpfung »zurechtkommen«.

DER ERSTE SCHRITT

1. Es ist in den Lehren von Jesus Christus gegenwärtig, der das Licht der Welt war, und die gnostischen Evangelien geben Zeugnis, dass die frühen Christen Zugang zu diesem »gleißenden Feuer« hatten. Aber leider entschied sich die christliche Kirche um das 4. Jahrhundert für die weltliche Macht statt für die wahre spirituelle Transformation. Die Gnostiker wurden verboten, und spätere Gruppierungen wie die Katharer wurden verfolgt.
2. siehe das Werk von **Peter Kingley**, www.peterkingsley.org
3. Die **Bibel**, Markus-Evangelium 2:2.

SPIRITUELLE REIFE UND DIENEN

1. **Andrew Harvey**: »Step by Step« in *Light Upon Light: Inspirations from Rumi*, S. 112.
2. Einige Forscher sind zu dem Ergebnis gekommen, dass der Anstieg von CO_2 und Methan viel früher begonnen hat, nämlich mit der massiven Abholzung der Wälder vor etwa zweitausend Jahren. **Charles Eisenstein**, *Climate: A New Story*, S. 102-103.
3. Die heidnischen Kulte wurden von den Christen unter der Herrschaft des römischen Kaisers Theodosius I. (392-395 n. Chr.) besonders stark verfolgt.
4. **Llewellyn Vaughan-Lee**: *Darkening of the Light: Witnessing the End of an Era*. The Golden Sufi Center 2013.

KOLLIDIERENDE KRÄFTE

1. »Her Triumph«, *Collected Poems* of **W.B. Yeats**, S. 310.
2. »The Second Coming«, *Collected Poems* of **W.B. Yeats** S. 210.
3. Später entstanden in dem von Dschingis Khan gegründeten Reich Bedingungen, die den Handel, den Austausch von Ideen und religiöse Toleranz förderten.
4. Zum tieferen Verständnis von *metis* in den Lehren der alten Griechen siehe **Peter Kingsley**: *Reality* (The Golden Sufi Center 2003).
5. Die Popularität der Harry Potter-Bücher weist auf unsere Sehnsucht nach einer Welt hin, die nicht durch die Blindheit der »Muggels« eingeschränkt ist.

DIE BEZIEHUNG ZWISCHEN DEN WELTEN

1. **Llewellyn Vaughan-Lee**: *Spiritual Power. How it Works*, 1. Aufl. 2005, überarb. 2. Aufl. 2019. Deutsch: *Spirituelle Macht*, 2005
2. Der Gebrauch der Imagination zur Erkundung der symbolischen Welt gehört sowohl zur Alchemie als auch zum Sufismus, siehe **Vaughan-Lee**, *Working with Oneness*, Kap. 8: »Imagination«, und die spirituellen Energien dieses inneren Reichs werden von **Henry Corbin** in: *Creative Imagination in the Sufism of Ibn 'Arabī* beschrieben.
3. In: *For Love of the Real. A Story of Life's Mystical Secret*, (deutsch:

Aus Liebe zum Wirklichen) erkunde ich die verschiedenen inneren Welten, die zu unserem mystischen Bewusstseins gehören.

4. Im indischen Yoga-System gehört die Welt der Schöpfung zu den drei unteren Bewusstseinszentren oder Chakren (das Wurzel-, das Sexual- und das Solarplexus-Chakra), während die vier höheren Zentren (das Herz-, Kehl-, Stirn- und das Kronen-Chakra) zum spirituellen Bewusstsein gehören. Die meisten Menschen funktionieren über die drei unteren Chakren, die vier höheren werden durch spirituelle Praktiken erweckt.
5. Im Yoga-System wird diese Energie der Triebe jeweils mit den drei unteren Chakren in Verbindung gebracht.
6. Erster Brief des Paulus an die Korinther 13:12.
7. Der Sufi aus dem 13. Jahrhundert, **Najm al-Dīn Razī**, beschreibt, wie die Welt der Seele oder dem GEIST eine umfassendere Erfahrung des Göttlichen gibt: »Denn zu Beginn hatte der GEIST Kenntnis von den Universalien und nicht von den Einzelheiten; er hatte Kenntnis von der Welt des Unsichtbaren und nicht vom Manifesten. Als er mit dieser Welt verbunden und gebührend ausgebildet und genährt wurde, erwarb er Erkenntnisse von beidem, sowohl den Universalien wie den Einzelheiten, und wurde ›Erkennender des Unsichtbaren und des Manifesten‹ als Gottes Statthalter.« Aus: *The Path of God's Bondsmen: From Origin to Return* von **Najm al-Dīn Razī**, übers. Von Hamid Algar, S. 363.
8. Zwei Auszüge aus: *The Path of God's Bondsmen*, s.a.O., S.140f.
9. Psalmen: Psalm 36:10
10. **Bruce Lipton**: »The Biology of Inspiration« aus: *Healing the Heart of the World*, S. 332.
11. Siehe das Werk von **Peter Wohlleben**: *Das geheime Leben der Bäume* (Ludwig, München 2015).
12. Die **Findhorn Foundation of Scotland**, deren wunderbare Gärten gemeinsam mit den Natur-*Devas* geschaffen wurden, ist ein Beispiel für die Zusammenarbeit mit den subtilen Kräften in der Natur. Der Boden dort war ursprünglich nichts weiter als Sanddünen, trocken und unfruchtbar, ungeeignet für alles außer robustem schottischen Gesträuch und Gras, das kaum Feuchtigkeit und Nährstoffe brauchte. Es gibt viele verschiedene *Devas*, die die Hüter der subtilen Kräfte in der Natur sind. Ein Freund, der von den Buschmännern der Kalahari abstammt, lehrte mich, wie jede Spezies ihre eigene, die Intelligenz der jeweiligen Art tragende *Deva* hat, sei es Fuchs, Rotwild, Rotkehl-

chen oder Krabbe. Mit der natürlichen Weisheit seines Volkes war er imstande, innerlich direkt mit diesen *Devas* zu kommunizieren.

13. **Shakespeare:** *Hamlet* (1.5. 167-8). Hier bezieht sich Prinz Hamlet im Besonderen auf den Geist seines toten Vaters. Aber er beschreibt auch seine eher verschwommene Welt der Träume und Geister als die rationale Welt des Denkens zu der Horatio, ein Mann der Vernunft, gehört (Ratio ist das lateinische Wort für Vernunft)
14. Es ist ratsam, einen Führer oder Beschützer zu haben, wenn man die schamanische Welt betreten will. Anders als die Engel sind nicht alle Geister und Elementarwesen freundlich, und ihre Art ist oft für unser westliches Bewusstsein sehr ungewöhnlich. Ich bin Leuten begegnet, die von diesen Geistern mit negativen Folgen besetzt worden waren. Man muss sich dort vorsichtig und mit Respekt bewegen.

ANIMA MUNDI: DIE SEELE DER WELT ERWECKEN

1. **Stephan Hoeller:** *Gnosis. A Journal of Western Inner Traditions,* Band 8, Sommer 1988.
2. **Platon:** Timaios 30-31 in *Sämtliche Werke*, Band 6. Hamburg 1987
3. Es gibt eine Tradition, die besagt, die Glasmacher des Mittelalters hätten von den Alchemisten gelernt, wie man Glas verwenden kann, um Licht zu transformieren.
4. **David Fideler:** *Restoring the Soul of the World. Our Living Bond with Nature's Intelligence*, S. 102.
   Richard Tarnas: *The Passion of the Western Mind* , S. 213.
5. **Giordano Bruno:** Die Seele des Cosmos in *Gesammelte Werke in 6 Bänden* 1904-09
6. Alchemistischer Text, zit. von **C.G. Jung** in *Gesammelte Werke, 20 Bände* Freiburg-Olten.
7. **C.G. Jung:** *Gesammelte Werke, Band 14,* s.a.a.O.
8. **John Eberly:** *Al-Kima. The Mystical Islamic Essence of the Sacred Art of Alchemy.*
9. The Hermetic Museum 1:13, zit. von **Edward Edinger** in *Anatomy of the Psyche*. Deutsche Ausgabe: *Der Weg der Seele München* 1990. Siehe auch: **Llewellyn Vaughan-Lee:** *Catching the Thread* S. 66 ff.
10. Zit. in **Edward Edinger** a.a.O. S. 285 f. Hermes Trismegistos ist der »Stammvater« der alchemistischen Kunst. Der Legende nach wurde

die ursprüngliche *Smaragdtafel* von Alexander dem Großen im Grab des Hermes Trismegistos gefunden. »Sie ist der kryptische Inbegriff des alchemistischen *opus*, ein Rezept zur zweiten Erschaffung der Welt, des *unus mundus*.«

11. **Gerard Manley Hopkins:** *Poems and Prose*, »God's Grandeur«.
12. **Ghalib**, übers. von Jane Hirshfield: *The Enlightened Heart. An Anthology of Sacred Poetry.* Hrsg. von Stephen Mitchell, S. 105.
13. **C.G. Jung:** *Gesammelte Werke* a.a.O.
14. **David Fideler:** *Restoring the Soul of the World* a.a.O.
15. http://en.wikipedia.org/wiki/The_Garden_of_Cyrus.
16. **Paul Oskar Kristeller:** *The Philosophy of Marsilio Ficino*, S. 120.
17. Hermes Trismegistos: The Emerald Tablet, 4&5, in **Alexander Roob:** *Alchemie und Mystik.* S. 9, Taschen 1996
18. »Daher sollt ihr Leben, Charakter und geistige Eignung eines jeden, der in diese Kunst eingeweiht werden soll, sorgfältig erproben und untersuchen …« zit. aus: **Edward Edinger:** *Anatomy of the Psyche*, s.a.a.O
19. **E.E. Cummings:** *Selected Poems 1923-1958*: »I thank God for most this amazing …«

DAS LICHT DES HERZENS

1. **Tirmidhī, al-Hakīm al-:** *Three Early Sufi Texts*, S. 52, übers. von Nicholas Heer.
2. Einige Lehren sagen, das spirituelle Herz befindet sich in der Mitte der Brust, während die Sufis es meist als auf der linken Seite befindend beschreiben, wo das physische Herz ist. Es gibt auch eine Lehre, nach der wir zwei Herzen haben: das individuelle spirituelle Herz auf der linken Seite der Brust und das kosmische oder atmische Herz auf der rechten Seite.
3. **C.G. Jung:** *Gesammelte Werke*, Bd. 14 »Mysterium Coniunctionis«.
4. **William Chittick:** *The Sufi Path of Knowledge*, S. 17.
5. **Katha Upanishad**, Book II, 1, S. 34 in *Ten Principle Upanishads*, übers. von Shree Purohit Swami and W.B. Yeats, S. 34.
6. *Three Early Sufi Texts*, S. 35 s.a.a.O.
7. Die Naqshbandis unterscheiden zwischen fünf *latā'if*, die zur Welt des Göttlichen Befehls (*'ālām- amr*) gehören: Herz (qalb), Geist (*rūh*), Geheimnis (*sirr*), Verborgenes (*khafī*) und das Allerver-

borgenste (*akhfā*) – und fünf *latā'if*, die der Welt der Schöpfung (*'alām-e-kalq*) – niederes Selbst (*nafs*), Luft (*hād*), Feuer (*nār*), Wasser (*mā*) und Erde (*khāk*) zugeordnet werden. Zu jedem *latīfah* gehört eine bestimmte Farbe und eine bestimmte Körperstelle.

8. **Arthur F. Buehler**: *Sufi Heirs of the Prophet*, S.110.
9. Bhai Sahib in **Irina Tweedie**: *Der Weg durchs Feuer*, S. 231
10. Die archetypische oder symbolische Welt wird üblicherweise als eine Zwischenebene zwischen der physischen Welt und der Welt der Seele, der Ebene des Reinen Seins gesehen. Man bekommt zu ihr am leichtesten Zugang über die »aktive« oder »kreative« Imagination. Siehe **Llewellyn Vaughan- Lee**: *Mit der Einheit arbeiten*, Kap. 8: »Imagination« S. 165-182.

DIE ACHSE DER LIEBE

1. Zit. aus: »The Experience and Doctrine of Love in Ibn 'Arabī« von **Claude Addas** in *Sufi*, Nr. 63, Herbst 2004, S. 24.
2. Das ist ähnlich wie Bruder Lorenz' »Praxis der Gegenwart Gottes«, nur dass man sich hierbei auf das Gewahrsein des Herzens und die Gegenwart der göttlichen Liebe fokussiert.
3. Siehe **Llewellyn Vaughan-Lee**: *Die Zeichen Gottes*, insbesondere den Anhang: »Lernen, die Zeichen Gottes zu lesen«.
4. Siehe **Llewellyn Vaughan-Lee**: *In the Company of Friends*.
5. Siehe **Llewellyn Vaughan-Lee**: *Spirituelle Macht*, »Die Sprache der Liebe«, S. 120-141.

BIBLIOGRAPHIE

Addas, Claude. »The Experience and Doctrine of Love in Ibn 'Arabî,« *Sufi, Issue 63*, Autumn 2004.

Brother Lawrence. *The Practice of the Presence of God.* London: Samuel Badger and Sons (deutsch: **Bruder Laurentius:** *Die Gegenwart Gottes – eine wirkliche Erfahrung*, Turm Verlag, 1993)

Bruno, Giordano. *Cause, Principle, and Unity: Five Dialogues.* Trans. Jack Lindsay. New York: International Publishers, 1964.

Buehler, Arthur F. *Sufi Heirs of the Prophet.* Columbia, SC: University of South Carolina, 1998.

Chittick, William. *The Sufi Path of Knowledge.* Albany, NY: State University of New York Press, 1989.

Church, Dawson, ed. *Healing the Heart of the World.* Santa Rosa, CA: Elite Books, 2010.

Corbin, Henry. *Creative Imagination in the Sufism of Ibn 'Arabi.* Princeton: Princeton University Press, 1969.

Cummings, E. E. *Selected Poems 1923-1958.* London: Faber and Faber, 1960 (deutsch: *Poems – Gedichte*, C.H. Beck Verlag, 2016)

Douglas-Klotz, Neil. *Desert Wisdom: A Nomad's Guide to Life's Big Questions from the Heart of the Native Middle East.* Worthington, OH: ARC Books and Abwoon Network, 2011.

Eberly, John. *Al-Kimia.* Hillsdale, NY: Sophia Perennis, 2004.

Edinger, Edward. *Anatomy of the Psyche.* La Salle, IL: Open Court Publishing, 1985 (deutsch: *Der Weg der Seele*, Kösel Verlag, 1990)

Eisenstein, Charles. *Climate: A New Story. Berkeley,*

CA: North Atlantic Books, 2018
(deutsch: *Klima: Eine neue Perspektive*, Europa Verlag, 2019)

Fideler, David. *Restoring the Soul of the World: Our Living Bond with Nature's Intelligence.* Rochester, VT: Inner Traditions, 2014.

Harvey, Andrew. *Light Upon Light: Inspirations from Rumi.* Berkeley: North Atlantic Books, 1996.

Hoeller, Stephan. *Gnosis: A Journal of Western Inner Traditions,* vol. 8, Summer, 1988.

Hopkins, Gerard Manley. *The Poems and Prose of Gerard Manley Hopkins.* Harmondsworth: Penguin Books, 1953
(deutsch: Gedichte, Schriften, Briefe, Kösel Verlag, 1954)

Jung, C. G. *Gesammelte Werke 1-20*, Patmos Verlag, 2011

Kingsley, Peter. *Reality.* Inverness, CA: The Golden Sufi Center, 2004
(deutsch: *Reality*, Crotona Verlag, 2012)

Kristeller, Paul Oskar. *Philosophy of Marsilio Ficino.* New York: Columbia University Press, 1984
(deutsch: *Die Philosophie des Marsilio Ficino,* V. Klostermann Verlag, 1972)

Mitchell, Stephen, ed. *The Enlightened Heart: An Anthology of Sacred Poetry.* New York: Harper & Row, 1989.

Plato. *Plato's Timaeus.* Trans. F. M. Cornford. Indianapolis, IN: Bobbs- Merrill, 1959
(deutsch: *Sämtliche Werke, Band 4: Timaios / Kritias / Minos / Nomoi,* Rowohlt Verlag, 1991)

Razī, Najm al-Dīn. *The Path of God's Bondsmen.* Trans. Hamid Algar. North Haledon, NJ: Islamic Publications International, 1980.

Roob, Alexander. *Alchemie & Mystik – das Hermetische Museum,* Taschen, 2018

Tirmidhī, al-Hakīm al-. *Three Early Sufi Texts.* Trans. Nicholas Heer. Louisville, KY: Fons Vitae, 2003.

Tweedie, Irina. *Daughter of Fire: A Diary of a Spiritual Training with a Sufi Master.* Nevada City, CA: Blue Dolphin Publishing, 1986
(deutsch: *Der Weg durchs Feuer: Tagebuch einer spirituellen Schulung durch einen Sufi-Meister*, Heyne Verlag, 2005).

Upanishaden, Die, hrsg. von Eknath Easwaran, Goldmann Verlag, 2008

Vaughan-Lee, Llewellyn. *Darkening of the Light: Witnessing the End of an Era.* Point Reyes, CA: The Golden Sufi Center, 2013.

Vaughan-Lee, Llewellyn. *For Love of the Real: A Story of Life's Mystical*

Secret. Point Reyes, CA: The Golden Sufi Center, 2015 (deutsch: *Aus Liebe zum Wirklichen: Eine Geschichte vom mystischen Geheimnis des Lebens,* Oneness Center Verlag, 2017)

—. *In the Company of Friends*. Point Reyes, CA: The Golden Sufi Center, 1994.

—. *Signs of God*. Point Reyes, CA: The Golden Sufi Center, 2001 (deutsch: *Die Zeichen Gottes,* Golden Sufi Center 2001)

—. *Spiritual Power: How It Works*. Point Reyes, CA: The Golden Sufi Center, 2005; second edition, 2019 (deutsch: Spirituelle Macht, Golden Sufi Center, 2005)

—. *Working with Oneness*. Point Reyes, CA: The Golden Sufi Center, 2002 (deutsch: *Mit der Einheit arbeiten,* Golden Sufi Center, 2002)

Wohlleben, Peter. D*as geheime Leben der Bäume,* Ludwig Verlag, 2015

Yeats, W. B. *Collected Poems of W. B. Yeats*. London: Macmillan, 1933 (deutsch: *Die Gedichte,* Luchterhand Verlag, 2005)

—. *The Ten Principal Upanishads*. Trans. (with Shree Purohit Swami). London: Faber and Faber, 1937.

DANKSAGUNG

Für die Erlaubnis, das durch Copyright geschütztes Material zu benutzen, danken wir den folgenden Verlagen und Personen:

Liveright Publishing Corporation für die Verse von »i thank You God for most this amazing.« © 1950, 1978, 1991 by the Trustees for the E.E. Cummings Trust; Islamic Publications International für die Auszüge aus *The Path of God's Bondsmen* von Najm al-Dīn Razī, übersetzt von Hamid Algar, © 1980 by Center for Iranian Studies, Columbia University; Dr. Neil Douglas-Klotz für das Zitat aus *Desert Wisdom: A Nomad's Guide to Life's Big Questions from the Heart of the Native Middle East*, © 2011 by Neil Douglas-Klotz; Jane Hirshfield für die Verse aus »Even at prayer, our eyes look inward«, aus *The Enlightened Heart: An Anthology of Sacred Poetry*, hrg. Von Stephen Mitchell, © 1989 by Jane Hirshfield.

Die Abbildung auf Seite 9 ist »Die Chöre der Engel« aus dem *Liber Scivias I.6* von Hildegard von Bingen (1098-1179).

ÜBER DEN AUTOR

Llewellyn Vaughan-Lee, Dr. phil., 1953 in London geboren, ist ein Sufi-Lehrer. Er folgt dem Naqshbandiyya-Mujaddidiyya-Sufi Pfad seit seinem 19. Lebensjahr.

1991 zog er nach Nordkalifornien und gründete dort das Golden Sufi Center (*www.goldensufi.org*). Er ist Autor zahlreicher Bücher. Sein Spezialgebiet ist die Traumarbeit, die alte Sufi-Methode der Traumdeutung, in Verbindung mit den Erkenntnissen der Psychologie C.G. Jungs. Seit dem Jahr 2000 liegt der Schwerpunkt seines Schreibens und Lehrens auf der spirituellen Verantwortung in der heutigen Zeit des Übergangs und dem erwachenden globalen Bewusstsein der Einheit. Seine neuesten Bücher befassen sich mit dem Weiblichen und der *Anima Mundi* (Weltseele) und spiritueller Ökologie (www.workingwithoneness.org). Llewellyn Vaughan-Lee trat in der Fernsehserie *Global Spirit* auf und wurde von Oprah Winfrey in der Serie *Super Soul Sunday* interviewt.